巨龙和公牛

股票和商品期货交易的获利策略

（美）斯坦利·克罗　著

杨婷　曲岳　译

山西出版传媒集团
山西人民出版社

图书在版编目 (CIP) 数据

巨龙和公牛:股票和商品期货交易的获利策略 /
(美) 斯坦利·克罗著 ; 杨婷,曲岳译. —太原 : 山西
人民出版社, 2019. 10
ISBN 978-7-203-10861-0

Ⅰ. ①巨… Ⅱ. ①斯… ②杨… ③曲… Ⅲ.①股票交
易 ②期货交易 Ⅳ. ①F830.9

中国版本图书馆 CIP 数据核字 (2019) 第 091976 号
著作权合同登记号　图字:04-2019-011

巨龙和公牛:股票和商品期货交易的获利策略

著　　者:(美) 斯坦利·克罗
译　　者:杨　婷　曲　岳
责任编辑:李　鑫
复　　审:贺　权
终　　审:秦继华
装帧设计:任燕飞工作室

出 版 者:山西出版传媒集团·山西人民出版社
地　　址:太原市建设南路 21 号
邮　　编:030012
发行营销:0351-4922220　4955996　4956039　4922127(传真)
天猫官网:http://sxrmcbs.tmall.com　电话:0351-4922159
E-mail : sxskcb@163.com　发行部
　　　　　sxskcb@126.com　总编室
网　　址:www.sxskcb.com

经 销 者:山西出版传媒集团·山西人民出版社
承 印 者:三河市京兰印务有限公司

开　　本:880mm×1240mm　1/32
印　　张:6
字　　数:110 千字
印　　数:1—5000 册
版　　次:2019 年 10 月　第 1 版
印　　次:2019 年 10 月　第 1 次印刷
书　　号:978-7-203-10861-0
定　　价:48.00 元

献给乔伊丝

你如长风，举我远翔。

译者序

本书作者斯坦利·克罗是著名的期货和股票专家，有三十多年的市场操作经验。本书所总结的期货和股票市场操作方法是克罗先生亲身实践经验的提炼和凝结，深入浅出，具有很强的操作性。

针对股票和商品期货交易，克罗先生反复强调，自信以及敢于承担责任和勇于改正错误的态度是进行市场操作的心理基础。投资者要制定行之有效并贯穿始终的全局性交易策略，并以铁一样的纪律性去执行。作者认为长线顺势操作是最基本、最重要的策略之一，并奉劝交易者不要听信所谓的"市场消息"，因为以技术指标和电脑系统为基础的交易系统所提供的交易信号更为可靠。而所有这些规则的前提，是完善的金融市场、具有一定专业素质的交易者以及长线投资获利的目标。

克罗主张的市场操作方法在今天看来仍具有非常重要的借鉴意义。在互联网与大数据飞速发展的今天，信息技术在金融领域得到了前所未有的应用。与克罗所生活的时代不同，现在你无须苦口婆心地教育市场交易者要使用电脑交易系统，因为它已成为金融市场操作必不可少的工具之一。但实际上，无论是从前还是现在，交易系统的本质永远只是辅助工具，决定交易成败的最终因素是人——只有当交易者能制定正确的交易策略并坚定地去执行，认清市场大势并顺势而为时，交易才可能成功。

本书译者杨婷毕业于北京外国语大学，硕士研究生，中级经济师，现就职于恒丰银行董事会办公室。在本书的翻译过程中，译者得到了同业专家的诸多有益建议和指导性意见，在此特别感谢交通银行曲岳先生的大力支持。

克罗先生一生成绩斐然，翻译大师的作品对译者来说是一种挑战。欢迎广大读者和业内专家批评指正、讨论交流，特此提供邮箱地址：yangting0704@126.com。

杨　婷

推荐序

　　斯坦利·克罗是金融交易和投资策略大师。《巨龙和公牛：股票和商品期货交易的获利策略》一书是他在华尔街34年奋斗经验的总结，是他深刻见解的凝练。对于有志在国际市场中成为佼佼者的个人来说，在阅读本书时，无论是在市场分析方面，还是在实践操作方面都会收获颇丰。

　　《巨龙和公牛》以现代商业环境为背景，以批判性的眼光展开。

　　斯坦利·克罗于1960年在纽约华尔街开始了自己的事业，他在华尔街的34年间，积累了大量经验和宝贵财富。随后，他以巨富的身份离开了华尔街这个竞技场并开始环游世界。在5年学术休假过程中，克罗先生深化了在经济学、金融学和投资策略领域的研究。当时，他已著有五部作品，《巨龙和公牛：股票和商品期货交易的获利策略》是其第六部。

　　1993年克罗先生定居香港，直到现在他都在那里经营着

自己的金融咨询公司。① 他是公司总裁，主攻期货交易、金
融和商品期货对冲、风险控制和投资策略等领域。

　　商品期货和股票交易在中国出现时间不长，与华尔街
200 多年的历史相比，我们还有很长的路要走。国人普遍缺
乏投资、投机交易以及风控经验。在本书中，克罗先生将会
分享他几十年的投资经验，并以自身经历为例讲解他的交易
方法和策略。

　　无论对于业余投资者，还是专业投机交易者，这都是一
本内容独特、富有价值的好书。

田源　教授

中国国际期货有限公司

董事长、首席执行官

北京，1994 年 8 月 4 日

---

　　① 译者注：克罗先生于 1999 年去世，本序写于英文原著出版
的 1994 年。

前　言

　　我一直想写一本关于股票和商品期货交易策略的书，但是由于种种原因，始终没能得偿所愿。在 1993 年定居香港后，我觉得机会来了，于是迫不及待地开始了写作。现在流行一种错误的观点，那就是把股票交易策略和期货交易策略当作两码事来看待，许多人甚至认为，这两个市场风马牛不相及。实际情况完全不是这样。

　　身经百战的交易者都知道，虽然股票和商品投机交易的具体组织形式有所不同，但它们有极多共同点，因为两个市场都有对于良好的交易策略、有效的风险管理以及必要的纪律性的基本要求。两个市场最明显的不同点在于杠杆率——期货交易者通常以 5% 的资金就能撬动 100% 的市场价值，而股票投资者一般则至少需要 50% 的自有资金。杠杆的高低是两类投资最根本的区别点。如果期货投资者在一开始就需要支付合同价值的 50%，而股票投资者只需支付股票市场价格的 5%，那么情况就完全倒过来了：商品期货交易就会显得保守和稳健，而股票交易则会被认为充满风险与投机性。

　　本书指出了两个市场上对于杠杆运用的显著差别，也讨论了两个市场中战术策略、风控因素的相似和不同之处。最终读者们将会很清楚地看到，与不同点相比，它们的相同点要重要得多。因此，在其中一个市场中获得的经验技巧对于另外一个市场中的交易操作来说，无疑是一笔巨大的财富。

这里要强调的是，本书主要是关于顺势操作的研究。比如，本书建议在弱市到达支撑位时建仓做多，但是这个建议只有在上行大趋势的背景下才有意义，如果大趋势走弱，即使市场到达支撑位，做多仍有可能亏损。做空操作同理。

要解答持仓规模的问题就稍显困难了，这就像问"多大算大"这样的问题。可以说，如果逆势买入，坐等亏损，那么就算一份期货合同也是多余的。相反，如果顺势而为，市场走势完全在你的预料之中，那么即使重仓持有也并不会使人神经紧张。具体来说，对于股票交易，建议所有仓位保证金之和不超过所持资本的 35%；对于期货交易来说，这个限额是 25%，而且最好能把投资分散到大约 10 个市场中去，这样即使在某个市场中操作失误或不幸中招，也能在其他市场里得到缓冲。把你能用于交易的那部分资金除以 10（如果你拥有的资金数额巨大，那么还可以分散得更多），你就可以大致估计出每个仓位所能占用的资金量了。

最后要说的是，在研究任何领域的任何策略时，你都要知道"墨菲定律"这回事。墨菲定律并不是真正意义上的客观规律，它的主要意思是"有可能出错的事总会出错"。所以不管何时，只要当你忘记设置止损指令，或者孤注一掷地持有重仓，无论图表如何显示"前景一片光明"，你也已经被墨菲定律的阴云所笼罩了。记住那句老话："无论是锅碰的壶，还是壶碰的锅，被碰坏的总是壶。"投机交易也是一样的道理，市场不会奖励麻痹大意和没有能力之人。

　　在您开始阅读本书前，我还想说，如果各位读者希望就本书的任何内容进行更深层次的讨论，欢迎您给我或者出版社写信，我会在时间和自身能力允许的范围内尽可能回复。

致　谢 /\/\/

我要对以下单位和个人表示诚挚的谢意：

Knight-Ridder 金融出版社及其负责人杰尔德·A. 贝克，感谢他们所提供的相关资料。

德励财经以及公司东北亚负责人戴维·冯，感谢德励信息系统所提供的珍贵图表。

"交易者"出版社公司董事长爱德华·多布森，感谢他授权我引用埃德温·利非弗所著的《股票作手回忆录》中的部分内容。

助理塞勒沃·萨班、Addison-Wesley 出版社新加坡分社编辑及员工薇薇恩·克朗普。感谢他们几个月来的热心协助。

中国国际期货有限公司（北京）董事长、首席执行官田源，副总裁王新政，感谢他们的合作与协助。

路透社，感谢路透社授权我在本书第 18 章后记中引用其新闻材料。

目 录

第一章　一个被称作利弗莫尔的人 ……………………… 1

第二章　投资策略的重要性 ……………………………… 7

第三章　赢家与输家 ……………………………………… 13

第四章　技术分析与基本面分析 ………………………… 21

第五章　《孙子兵法》（公元前 506 年）和

　　　　《成功交易的艺术》（公元 1994 年）………… 33

第六章　"但他们仍是你下注的最佳选择" ……………… 41

第七章　知者不言，言者不知 …………………………… 47

第八章　没有所谓的"坏市场" ………………………… 53

第九章　理解力与现实 …………………………………… 57

第十章　风险控制和纪律性是成功的关键 ……………… 65

第十一章　长线与短线 …………………………………… 71

第十二章　做多强势，做空弱势 ………………………… 81

第十三章　拉里·海特——万亿基金经理 ……………… 89

第十四章　创造并运用一套技术交易系统 ……………… 95

第十五章　交易系统——克罗推荐的方法 ……………… 107

第十六章　指令设置的复杂性 …………………………… 115

第十七章 尾声：克罗常胜交易法 ……………………… 127

第十八章 附言 20 世纪 90 年代

中国内地和香港地区的投资机会 …………… 133

第十九章 后 记 …………………………………… 141

附 录 ……………………………………………… 145

第一章　一个被称作利弗莫尔的人

犹如一只钢筋铁骨的巨鸟，飞机一路向西，飞向佛罗里达的劳德代尔堡。墨西哥暖流与大西洋的交界线闪闪发亮，十分明显。劳德代尔堡是这次佛罗里达圣诞节垂钓之行的最后一站和主要目的地。我能感受到自己与一个名叫利弗莫尔的人产生了强烈的内心共鸣，他正是我此行的原因。

我仿佛看见20世纪20年代的他正值壮年，身材高大修长，表情严肃。他正坐在从纽约到佛罗里达的列车里靠近车窗的位置，想象着自己或是与朋友一起垂钓，或是独自沉思的场景，无论如何，终于可以从华尔街、芝加哥的战斗中稍事休息了。他就是杰西·劳里斯顿·利弗莫尔。

纵观20世纪，有许多或是杰出或是幸运的市场操作者，他们的交易行为看似轻率，实际却有令人羡慕的敏锐直觉做支撑，这使他们能够在正确的时刻平仓，并获利百万。我也有幸几次跻身于这个群体之列。然而，利弗莫尔并不在这个群体之内，他是那种令人望尘莫及且自成一派的投资者，他的操作行为之果敢，交易范围之广泛，买卖时机之精准，指令执行之坚决，在散户中可谓遗世独立，前无古人，后无来者。

杰西·利弗莫尔于 1877 年 7 月 26 日生于美国马萨诸塞州的舒兹伯利，是一对穷苦农民夫妇的儿子。14 岁时，他离家打工，在波士顿的一家经纪公司做行情记录员，每周挣 3 美元的工资，这个起点并不高。此后利弗莫尔又在东海岸的数家**对赌行**做了几年学徒，操作过小额的股票交易。就这样，这个性格安静、工作投入的年轻人慢慢成长为本世纪初最令人生畏和受人仰慕的市场交易者，被华尔街称为"拼命三郎"。

他的世界里有只股票和商品期货价格的涨跌，以及他对精确价格分析的极致追求。本世纪著名金融评论家**爱德华·J. 戴斯**曾说过这样的话："即使利弗莫尔突然输得一分不剩，只要他有从事经纪业务的一点点额度和几部电话、一些交易单以及一间屋子，他还是会东山再起，并再次以百万富翁的身份站在人们面前。"

1959 年，我初到华尔街伊始，利弗莫尔就已经是我的心中偶像了。在我逐渐积累价格分析和交易操作经验的过程中，利弗莫尔更成了我的教练和从未蒙面的导师。正像许多其他投资者一样，我一直深受利弗莫尔的投资策略和投资哲学的影响。

"市场只有一面，那不是多方或空方，"利弗莫尔在《股票作手回忆录》① 一书中写到，"而是正确的一方。"这

---

① 译者注：《股票作手回忆录》（Reminiscences of a Stock Operator）：作于 1923 年，讲述了杰西·利弗莫尔在金融市场上成败起落的生平事迹，并介绍了主人公主要的投资观点和交易策略。

个投资哲学铭刻在我的头脑中，难以磨灭。每当我读到一些高傲而乏味的市场分析——那些过分突出理论宣传而忽视实际的市场分析和操作策略的文章时，我都会重温一遍利弗莫尔的这句话。像许多投资者一样，我经常会面对交易抉择，这里，我摘录一段利弗莫尔关于自己所犯错误精准明了的描述：

"我做过最不该做的事。棉花价格显示这将是一笔亏本买卖，但我却没有及时平仓；小麦可以盈利，我却提早抛掉了。在投机交易中，几乎没有比在亏损中寻求平衡更严重的错误了。记住，止损时要及时，盈利时要稳住。"

利弗莫尔给投资者们留下的最重要的启示，在于构建达成投资目标的整体战略。在这个个人电脑和炒股软件日益流行的时代，他的思想无疑具有突出的实际意义。如今，连那些不怎么熟练的交易者都在时刻盯着分钟线和其他短线股价图。听听利弗莫尔是怎么说的吧：

"在华尔街几经沉浮后，我想告诉大家一件事，那就是，使我赚大钱的从来不是我的思想，而是我的定力，明白吗？我的定力超强。在市场中摸准大势是必不可少的，你总是能在牛市中找到一些早早就开涨的股票，也总可以在熊市中找到一些先于市场开跌的股票。我认识许多能准确掌握时机的人，他们在股价最适宜的时刻买入或者卖出，这本该能帮助他们赚取大笔差价，但实际情况却总是，他们赚不到大钱。那些既有准确判断力，又有定力的人是最为少见的。我认为，这是世上最难学的东西之一，但是只有当市场交易者真正做到这一点后，他才能赚大钱。当一个人明白了如何交易后，他会发现，现在挣几百万要比当初什么都不懂时挣几百块还要来得更容易。"

利弗莫尔关于赔钱是这么说的：

"赔钱对于我来说算不上什么大麻烦。当我接受了一笔损失业已发生的事实后，这笔损失就不再困扰我了。拒不接受亏损的事实，才是对钱包和大脑都非常不利的错误做法。"

很可惜，我的佛罗里达垂钓之行太短暂了，一周后我又回到了冰天雪地的纽约。在我等待大鱼上钩的时候，我想象着利弗莫尔在佛罗里达垂钓的情景，思考着他的交易策略和投资智慧。虽然利弗莫尔钓到的"大鱼"远比我的要多，但有一样东西我可以享受得到，他却不能，那就是，拜读和研究他的大作。

* * * * * *

上述文字是我几年前写的，如今看来还是一样具有现实意义。无论是五十或一百年前，还是五十或一百年后，这些话都具有指导作用。就像**阿尔方斯·卡尔**在 1849 年说过的那样："万变不离其宗。"利弗莫尔的投资战略和策略就是具有这样意义的东西。

杰西·利弗莫尔可能是本世纪或者至今为止所有时期在投机领域和投资战略上最活跃、最成功的独狼投资者了。虽然他早在 1941 年就已经离世，但他的思想对后来的股票和商品期货交易者的影响却是深远的。我本人也是利弗莫尔理论的追随者之一，对于他的著作也曾反复研读揣摩。在刚到亚洲的时候，这里认同利弗莫尔投资理论的股票和商品期货投机者的庞大数量使我惊讶不已。

大约在 10 年前，我考虑写一本关于利弗莫尔的书，我本希望从那些认识他或者在 1920-1930 年间与他在华尔街共事的人们那里收集一手材料，我为此在报纸和杂志上张贴了广告，寻找那些交往过利弗莫尔本人或参与过他交易过程的人，但很不幸，我既没有找到一个这样的人，也没能获得一手材料。这曾一度使我相当失望，但鉴于当时我自己在华尔街的事业正蒸蒸日上，所以我很快转移了注意力，并投入到其他工作中去了。可这个关于利弗莫尔的"计划"，我从未彻底放弃过，这些年来，我再接再厉学习他的作品，并以利弗莫尔大量的经验与智慧为基础，发展形成了自己的投资策略。

渐渐地，我又有了一个想法：如果我不能写一本关于利弗莫尔的书，为什么不和利弗莫尔一起写一本书呢？与一个早在 50 年前就永远安息了的人共同写一本书！我的一位同事提醒我，利弗莫尔在华尔街 30 多年的"激战"经历对于我来说，信息量可能太大了，除非我有什么新理论，能判定利弗莫尔的一些观点已经过时并可以丢弃了。我自然没有这样的新理论，我有的只是一个新发现——即使是利弗莫尔策略方法中最优秀的那一部分，在时间的冲刷下，也有可能显得有些残缺不全了，也许可以将它们加以改进或者重新诠释，以适应全世界新一代的股票、商品期货和期权投资者们的需求。这批投资者生活在个人电脑和功能强大的软件时代，他们使用的是卫星通讯和光速传送的实时数据，这些科技成果是利弗莫尔连做梦都不可能看到的。

从 20 世纪 90 年代末到 21 世纪初开始，世界各地的交易者们同时用几十种语言分析市场行情、下达买卖指令，而利弗莫尔只会说英语，并且很可能一辈子都未曾听到过其他任何语言。所以，为了使功效最大化，利弗莫尔的理论可能需要被翻译成几种通行的官方语言，以解决语言不通的障碍。另外，我也会把我自己总结的相关投资策略补充进去。

现在我正坐在香港交易所内，距华尔街大概有 12,000 英里。正是在这里，我继续着自己的事业——与世界各地的金融交易者们一起分析市场，进行交易。多亏了现代卫星通讯系统，我如同身处纽约的华尔街，一秒内就能完成操作指令的下达。只有一个困难，即使在技术日新月异的今天仍然令人难以克服，那就是时差。位于地球另一边的香港时间要比纽约时间早十几个小时，所以如果你想在纽约和芝加哥交易所开盘时进行交易，那么大约需要从晚八点左右一直工作到第二天凌晨四五点钟。不过，对于一个在亚洲居住的美国人来说，如果你能克服"夜班"带来的不便，所获得的回报也是相当丰厚的。

第二章　投资策略的重要性

早在 1967 年，我曾收到过一封来信，信中有这样一段文字：

"纽约的一位朋友给我寄来了你写的《10 月 17 日国际蔗糖市场商报》，文章十分有趣，而且令人受益匪浅。其中，对杰西·利弗莫尔言论的引用让我想起了我过世的老父亲。当我还是个孩子的时候，有一次我问他是如何在期货市场上赚到钱的，他说：'你必须大胆并且能做出正确的判断。'我接着问：'如果一个人很大胆，但是却判断错了，会怎样？'他回答说：'那么他就会随船一起沉没。'"

很不幸，朋友的父亲就是那个随船沉没的人。

与股票和期货交易投机者们的交流是我工作相当有趣且卓有成效的组成部分。通过与不同类别的交易者保持联系，并把时间跨度拉长到 30 年之久，一个反复出现的问题就会浮出水面。即使是最糟糕的交易者也会偶尔遇到那种确实存在但却难以预测和捕捉的宝贵获利机会，如果能够避免洗盘式的重大风险，就有可能收获巨大利润。但是，问题是在重大损失频发的金融投机领域，如何避免大洗盘这样的金融灾难？或者，借用上述书信中的悲惨描述——如何避免"随船

一起沉没"?

自从人们聚集在一起,以物物交换的形式互换石制工具、吃穿用度时,在这个交易游戏中就已然分出了赢家和输家了。今天,尽管金融投机的高杠杆和潜在利润显而易见,但大多数投机者,包括许多专家,最后都以失败告终。除去少量的专业人员进行**短线批量**操作,并只需支付很少的手续费或结算费用的情况外,那些能持续获利的投资者都是长线交易的践行者。他们总是顺势而为。我很幸运有数次对市场行情做出了正确的判断并投以重金,最终获得了丰厚的回报。这些投资的期限有的长达八至十个月,其中一个甚至有五年之久。

要想成功,除了努力,优秀可行的策略也必不可少。策略在金融投机领域的重要性不亚于其在马拉松、网球联赛、国际象棋和公司收购中的作用。他们的共性在于,成功和胜利需要技术层面和战略层面的共同支持。现如今市场上技术层面过硬的玩家无处不在,而真正决定输赢的因素,却是得以被严格执行的一流的投资战略和有效的技术策略。

正确运用好的策略,对于股票和期货交易投机来说尤其重要。基本的规则大家都知道,但是想想那些长期从事交易却从未经历过一个盈利年的交易者们吧!他们当然听说过,甚至很可能会逐字背诵例如"与趋势为友""止损要及时,获利要大胆""第一次亏损是最便宜的代价"等箴言,他们中的一些人也尝试过将这些道理运用于实践。这些道理是获利策略最基础的表达,几乎所有的交易者对此都烂熟于心。

然而，常胜者一心践行基本策略，而常败者却执于打破它们。

基本策略

对于那些帮你免于惨败，使你与胜者为伍的战略和策略的精华总结如下：

1. 只参与那些趋势明显或主流趋势正在形成当中的市场。判断每个市场的主流趋势，只针对主流趋势顺势操作，不然就别进入市场。（见插图 2.1 和 2.2）

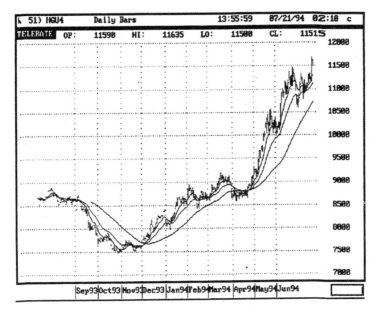

插图 2.1　一个上行趋势的市场。从 1993 年 12 月开始，

9月铜矿期货开始突破上涨。上行市场一般有更高的高点和低点。交易者们无须着急卖出股票并开始做空，因为牛市的涨幅一般会比多数市场参与者预期的更高。在走势触顶时，市场本身以及你的技术指标会提示你。

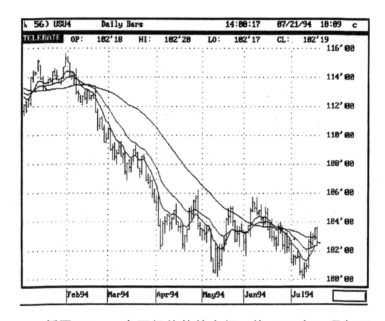

插图2.2 一个下行趋势的市场。从1994年2月初开始，美国债券九月期货突破向下，并保持下行趋势直至4月底，随后形成了宽区间震荡趋势。越来越低的高点和低点是下行趋势的特点。这样的熊市一般会比多数交易者的预测走得更低。在走势触底时，市场本身以及你的技术指标会提示你。

2. 假如你正在顺势操作，要在前一波趋势的突破口上（比如在**高成交量上形成的缺口处**）或者横盘整理产生明显的突破后建仓，抑或在**主流趋势平缓回调**时建仓。

（a）在下行大趋势下：当反弹达到上行压力位处或者触及明显下行趋势线时建空头仓，抑或在最近一次低点后反弹的 45%–55% 处（即反弹开始后的 3–5 天时）建空头仓。

（b）在上行大趋势下：在回调达到支撑线处或者触及明显上行趋势线时建多头仓，抑或在最近一次高点后回调的 45%–55% 处（即回调开始后的 3–5 天时）建多头仓。另外，需要强调的是，如果你对市场趋势解读错误或者故意忽视市场走势，在大熊市中逆势买入或在大牛市中逆势卖出，你很可能会遭受巨大损失，并最终发现自己这样做很傻。

3. 顺势持仓可能产生巨额利润，所以不要急于平仓。明白了每次顺势持仓可能带来的价值，你就会自觉抵制小幅波动以及短线逆势操作所带来的诱惑。

4. 一旦你的持仓状况如你所愿，并且技术分析结果显示，市场趋势会朝着你希望的方向发展，你可以在特定条件下加仓（金字塔式加仓法），这个内容将在第十一章和第十五章中讲到。

5. 保持仓位不动，直到你的止损指令被激活，并且趋势分析指标显示市场走势已经发生反转。在这个点上，如果你一直紧密观察市场走势，你应该调整仓位以适应新形成的趋势。

在第十一章和第十五章中我们会讨论一些用于平仓的具

体策略。如果你已经平仓，而后续的市场动态表明，主流趋势依然强劲，你过早地做出了平仓的决定，那么此时你应该返场。返场要谨慎且目标明确，要再次按照顺势而为的原则建仓，具体做法将在本书第十一章和第十五章中讲解。

6. 如果市场与你的预测背道而驰该怎么办呢？首先，你要明确确定持仓情况恶化的标准。如果你在这个问题上无法做出明确的判断，那么你的自有资金变化情况可以帮你判断。根据经验法则，每笔股票交易的风险不应超过保证金的40%，在期货市场中这个额度是70%。

一位生活在世纪之交的著名大宗商品投机交易者迪克森·沃茨曾说过："要么跑个彻底，要么死守到底。"他要么坐拥充足的资金资源，要么就是个十足的受虐狂才能说出"死守到底"这样的话。我的观点是：可以听从他的建议，但必须把后半句删掉。

最后要强调的是，虽然一以贯之且行之有效的策略是成功投机交易的基石，但除此之外，还有三个必须做到的要求，那就是：纪律性，纪律性，纪律性。

本书旨在论述并证明上述论点。我可以开诚布公地告诉大家，从我个人痛苦的亲身经历来看，无论何时，只要我因为漫不经心或愚昧无知而偏离了上述原则，我就会亏钱。从另一个角度讲，当我按照上述战略战术经营操作时，我通常会赚钱，因为它们是放之四海而皆准的指导方针。

第三章　赢家与输家

曾有人说过："在金融投机领域，即使很小的一笔收益都需要巨大的运气。"很不幸，这个悲观的说法却非常之正确——绝大多数活跃的投机者，无论他们操作的是股票、外汇、期货、期权或者其他衍生品，都以亏损告终。我们现在就一起看看，为什么会是这样，以及我们该如何做才能使自己跻身于极少数赢家之列。

布里埃内在 1829 年的回忆录中描写过关于拿破仑的这样一件事：当拿破仑被问及哪支军队最好时，他回答说："能打胜仗的军队最好，女士。"这是一次我与别人探讨"投资舞台上的赢家和输家"这个话题时，有人给我讲的小故事。1983 年 1 月 10 日的《华尔街日报》上，刊登了一项关于 20 名资深商品投机交易者以及他们所预测的 1983 年上半年最好的投资项目的调查报告。实验规则是，首选项是 3 分，次选项是 2 分，第三选项是 1 分。实验人员对资深专家预测的项目按得分高低进行了排名，结果使人深思。

- 买入铜　　　　18 分；
- 买入黄金　　　16 分；

- 买入外汇　　　15 分；
- 买入股票指数　14.5 分；
- 买入活牛　　　11 分；
- 买入白银　　　7.5 分。

　　这里的一些观察结果需要我们进一步思考。首先映入眼帘的是，所有的推荐都是做多。而事实证明，这是个错误——在被推荐的前六名中，只有两项，股票指数和铜，在六个月内上涨了。而剩下的四项推荐中，黄金和外汇走低，活牛和白银勉强维持横盘震荡。虽然这六项推荐都偏向做多，但是那年真正走强的玉米、大豆、可可、棉花和白糖却完全被专家忽略了。值得一提的是，铜几乎一直出现在名单之内。在上一期的调查报告中（对 1982 年下半年的预测），"买入铜"排在了第二位；在对 1982 年上半年的预测报告中，它位列第一。而事实是，在这一年半的时间内，铜的价格表现，如同专家推荐的这个组合的整体表现一样，居于中等以及中等偏下水平。在整个期间内，铜市勉强在一个宽区间内维持着大横盘的状态——1982 年绝大多数时间都很低迷，直到 1983 年上半年才有所起色。

　　以上实践显示，即使是经验丰富的专家都难以准确预测区区六个月内的期货价格走势。这些专家不尽人意的表现应该使投机交易者们意识到一个问题，那就是专家经常犯错，所以依靠好的技术分析来确定投资项目和时点，并且辅以良好的资金管理和趋势跟踪，而不是趋势预测，才是实现利益最大化的良策。

还有一个类似的实验，对比股市专家推荐的个股和随机挑选的个股的表现。《华尔街日报》组织了两队"专家"进行比赛，每六个月对比一次比赛结果。其中一队由专业分析师和经纪人组成；另一队则由《华尔街日报》的工作人员组成，他们朝着日报的股票价格版面随意扔出飞镖，戳中哪只股票就选哪只。大家都认为，"专家队"肯定会一直以高比分领先"飞镖队"，然而，实际情况却是，几年间，即使在表现最好的时候"专家队"也只是以小比分险胜"飞镖队"。

所以，金融专业爱思考的大学生会问：为什么专家总是判断错误？为什么投资者在投机交易中总是赔钱？原因可能一言难尽，甚至无法被准确地给出。可能回忆一下我所讲过的"投机者的哀叹"会有所启示。

1975 到 1980 年间，我给自己放了一个长假，此前 34 年的大部分时间里，我都是在纽约北部的华尔街或者在游艇上安静的办公室中，与交易显示屏、电话、关于技术分析的研究材料以及其他装备一起度过的。我的基本目标是一以贯之的，那就是在表现良好的项目上争取多赚钱，在表现不佳的项目上尽量少赔钱。我一直是以个人投资者的身份在进行交易，这很大程度上是我自己的选择——60 年代我在美林证券做业务经理的经历，让我明白了独立投资人身份的好处，具体而言就是：无论对方持有何种观点或者经验如何丰富，与他人分享交易决策和市场观点不具有建设性意义。华尔街的法则是："知者不言，言者不知。"

在没有财务压力的几年里，我时不时地会做讲座或者教授关于投机交易的课程。我的讲座内容主要关于市场策略、战术和资金管理，而非具体的市场信息或者买卖建议。给我留下最深刻印象的是每周末在纽约、芝加哥、迈阿密、洛杉矶和达拉斯连续进行的一系列研讨会，参与者从 19 岁到 86 岁不等，其中还有几对夫妇和父子，大家的水平也是参差不齐，从一无所知的新手到经验丰富的专家都有。在讲座中，我提出了一些问题，得到的回答给了我很大的启迪。

我从几百个参会者的经历中发现了一个令人惊讶的共同点，那就是，我所称的"投机者的哀叹"对于新手与老手一样适用，只是那些专家们出于显而易见的原因不愿承认这个事实罢了。对于所有人来说，最令人沮丧的可能莫过于"当市场走势与我的分析预测一致时，我还在观望。当我终于进场，价格却急转直下，朝着相反的方向越行越远"。不要太沮丧，因为所有的交易者都曾有过类似的经历。这种情况产生的基本原因，是对时机的错误判断和不正确的投资策略，而非其他交易者为了占据市场上风而设下的陷阱。

这种状况可以这样来解释。有人说："我总是发现自己在买高杀跌。"实际上，错误的买卖时机使得投机者们在大家买入的时候跟风买入，在大家卖出的时候跟风卖出，当这种扎堆的买卖指令积累到一定数量时，市场上就形成了高点和低点，至少，短期来看是这样的。

结果可想而知——巨大的亏损和与之相比微不足道的获

利。下面这些话你听着耳熟吗：

"我和我的经纪人说了，让他买入某某证券，但是他劝我不要。"（言外之意就是，说话者也许之前有过买入该证券的想法，但是没有及时买入，结果该证券涨了。）自然而然地，经纪人被认为该为错失买入时机而负责。

"我的经纪人给我打过电话并建议我买入某某证券，我开始并不太感兴趣，可是后来他说服了我。"（言外之意就是，说话者买入了该证券，但随后它却跌了。）经纪人又一次被认为该为这笔赔本的买卖负责。

如果以上这些对话你听着并不耳熟，那么要么你是新手，要么你可能记性不太好。这些经历其实是一个很常见的现象，那就是，我们永远倾向于为自己的过失和失败找理由，因为只有这样，我们自己才会舒服些。在这里，我想为大家提供一种真正有效的对抗失败者心态的办法。

分析市场行情，提前部署你的投资策略和战术，并且保密。不要咨询任何人，这包括不接受经纪公司的咨询建议服务、不听取任何关于市场的小道消息和各种好心提醒，并且不给任何人提供买卖建议。你不要在乎张三买了某某证券，或是李四卖了某某证券，而要严格按照你对市场客观分析的结果和基于你认为有效的方法和技术手段而形成的市场走势预期进行操作。你只能根据实际而客观的技术指标变化做出修改投资策略的决定，这些技术指标包括图表分析、电脑系统提示，或者保证金追加提醒——它会显示你的持仓情况恶化并且账户保证金已经不足。

　　简而言之，如果交易使你获利，那么你就应该挺胸抬头坦然接受赞赏和经济上的嘉奖；相反，如果你赔了钱，那么你也应该勇于承担责任。要想在市场中进行交易，你必须要有信心，因为丧失独立进行成功交易的自信，是所有损失中最严重的一种。如果你在这方面没有自信，那么你可能不再适合进行任何交易了，而该平仓止损，减少风险暴露。

　　投机者哀叹的原因各种各样，但最主要的原因包括：不用心、错误的交易时机、对市场大势的误判、忽视优秀投资策略的基本原则以及没有自信和自律精神。严肃的自省能使人得出以下结论：总体而言，对于成功交易来说，好的策略外加有效的战术以及优秀的资金管理和一以贯之的风险控制甚至要比好的技术和图表分析方法更为重要。

　　最后要说的是，抛开"**对成功的渴望**"与"**对失败的惧怕**"这两者之间的关系来谈成败是不现实的。这一点很少被提及，但对此的深入理解却是投资活动成功的关键因素。我曾收到过一位澳大利亚的投资者的来信，信中重点讲述了取得交易收益多么困难：

　　"当我纸上谈兵时，结果总比实际交易时好得多。我分析了个中原因，结论很简单——这要看你对成功的渴望与对失败的畏惧谁占上风。

　　"纸上谈兵时，你内心只有对成功的渴望；而在实际操作中，主要是对失败的畏惧占据了你的内心。"

　　这难道不是一种具有共性的经历吗？我们中的每个人肯定都曾惊讶于，为什么自己纸上谈兵所得到的结果总要比实际操作的结果好太多？类似的还有经纪公司和金融快报所推荐的"资产组合模型"——他们预测的收益水平永远超出实际能达到的结果。

造成这种过分恐惧的原因之一，就是投机者经常过度交易——包括在仓位方面和账户操作频度方面。对于交易者来说，控制并且战胜过度交易和持仓过重的冲动十分重要。我的基本原则是，期货和外汇仓位占用的保证金不超过账户资本总量的 1/3，证券交易占用的保证金不超过账户资本总量的 1/2，剩下的资金存起来吃利息。耐心与自律是必不可少的，即使资金不多，却能够准确判断并利用交易时机的投资者也一样能赚钱；而那些活跃却不能把握投资时机、不能严格实践投资策略的交易者却始终与收益无缘。

这些年间，我收到了投资者们大量的来信，他们中有连续几年获利的投机者，这些人都在使用有效的长线电脑交易系统——或是自己设计的，或者是购买来的。他们在这些信中反复提到的一个原则是，以客观而自律的方式密切跟踪系统并准确使用投资策略是十分必要的。这些经验对那些在风险得到有效控制的环境下，连续获利依旧困难的投资者是一种激励。本书的第十四、十五章将会讲解电脑交易系统的使用。

第四章　技术分析与基本面分析

　　技术分析和基本面分析的定义是：技术分析是基于市场的实际表现，包括价格、成交量、股票的卖空比例、期货的未平仓量等指标进行的分析。技术分析依赖于图表及其他技术指标来确定买卖时机或观望立场。基本面分析是对影响股票或期货的经济因素的分析。基本面分析力求找到引起价格变动的最根本原因，具体来说，对于证券，要考虑公司利润、分红、市盈率以及其他相关比率、资产负债表上的重要数据；对于商品期货来说，要考虑产量和收成、上一年结转库存、来年市场需求量和供应量等因素，以此来判断市场价格是偏高、偏低还是合理。

　　我要用一个真实的故事，来解释这个重要问题。

　　我的朋友，托尼，是纽约商业交易所①场内主要经纪人之一。有一天，我和他在纽约长岛海峡划船。那是个仲夏炎热无风的下午，我们已经随波漂流了半小时，等待着两点钟

　　①　译者注：纽约商业交易所（New York Mercantile Exchange），世界上最大的商品期货交易市场，于2008年被芝加哥商业交易所集团（Chicago Mercantile Exchange Group，CME Group）收购。

的南风带我们穿越长岛海峡，这将是一个愉快的下午和一次令人兴奋的漂流经历。我俩都不是什么健谈的人，所以早已将日常的话题全部谈尽，可能正是由于这个原因才有了以下的对话。

我所有的朋友都了解我的基本原则，那就是我不会听取任何人关于市场行情的点评，也不会对市场行情做出任何评价。但是，在那天的那个时候，突然地，我们开始谈论起燃油市场行情来。准确地说，并不是"我们"在谈论，而是托尼说我听。

"我要和你讲一个机密，"他说，"但是你得保证不告诉任何人。"

"托尼，"我回答道，"我对你的机密并不感兴趣，所以你还是不要告诉我了。"我觉得这足以打消他的兴致。

然而我错了。没过一分钟，托尼就又开始了。"真的，"他说，"我想把这个消息分享给你，但是别告诉任何人是我说的。"

他显得十分决绝，我想，这可能是什么很重要的事情，结果也确实如此。"近期，亚马尼将要宣布沙特计划石油增产一倍的消息。"接着，是一阵沉默。

"所以呢？"这已经是我能给出的最好的回应了。

"'所以呢？'这就是你想说的吗？你难道没有意识到这个消息有多大的重要性吗？世界第一产油大国的石油部长将要宣布，他们的石油产量将会翻倍，油价一夜间就会下跌20美元，甚至30美元！这是个赚大钱的机会，而我刚刚把这个机会丢在了你面前。所有的场内大宗交易商都已经大量做空了。"

　　我已然觉得没有必要继续听下去了，而且我完全不想让这些小道消息破坏了这本该愉快的一下午的漂流。"托尼，"我回答道，"我对沙特阿拉伯以及它的石油部长并不了解，也不清楚石油产量和它对燃油价格的影响。并且，我完全不知道，也不关心那些'大男孩们'① 将在市场中进行何种操作。"（实际上，这么多年来，我已经听过太多关于"大男孩们"的故事了，我对此已经有免疫了。）

　　"我所知道就是，石油市场正处于横盘整理态势，但有上涨势头。我认为，市场将会突破上行，最终形成一个大牛市。现在，我们可以谈点别的了吗？"我终于控制住了这次交谈。虽然我的话让这个处事不惊的专业交易员目瞪口呆，不过还是得说，我的做法确实拯救了这个下午，在剩下的时间里，我俩玩得还不错。

　　那个下午的谈话在我脑中一直挥之不去，所以那天晚上一回到家，我立马开始了对图表的研究和技术分析，仔仔细细地将燃油市场从头到尾检查了一遍，万一我之前忽略了或误读了什么呢！在这种情况下，一次彻底的回顾不失为良策。

　　1985 年 7 月中旬，燃油市场价格被锁定在 70.00 – 73.00

---

　　①　译者注："大男孩们"（big boys）指上文提到的"场内大宗交易商"（the big floor traders）。

这个交易区间内，这是 1986 年 2 月期货走势的基础。虽然大多数交易者都在大量做空，但早在 7 月 10 日，一些电脑系统已经发出平掉空头头寸、开始做多的信号。我那时在等待油价涨破 74 美元再全力做多，因为这一强势表现预示大涨即将来临。就让那些"大男孩们"以及他们不幸的追随者去交头接耳，大传特传亚马尼部长将要宣布的内容以及它对市场的影响吧！依我之见，牛市即将到来。就是这样！

亚马尼也许会，也许不会宣布这个消息。即使他宣布了，这个利空消息可能也已经被市场有所消化，并部分体现在价格中了。这个消息，如果属实的话，也只能是"黑熊"被狂奔而来的"公牛"虐杀前的最后挣扎了。简而言之，我的技术分析告诉我，现在正上演着又一轮的诱空行情。我心意已决，选择不理会关于熊市的传言，坚定而平静地守住我的 2 月燃油期货的多头仓位。

我能做出这样的决定真是非常幸运。在之后的几周时间里，市场价格横盘整理，给了那些"大男孩们"及其追随者充足的时间进一步做空。7 月 26 日，星期五，市场强势收盘，2 月燃油期货收盘价接近 74.00。果然如此！陷阱已经向那些不幸的"黑熊"打开，经过了一个短暂的价格回调后，市场开始了一次大涨，最终又涨了 16.00 美分，相当于每份期货合同价值 6,700 美元（参照插图 4.1）。

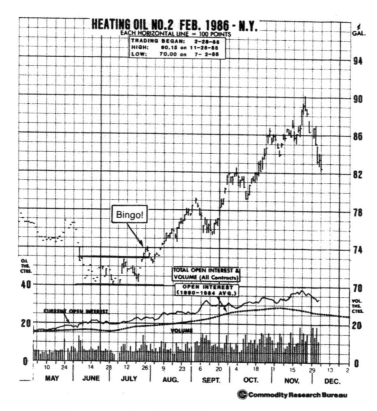

插图 4.1　1986 年 2 月燃油期货价格走势。1985 年的六七月间，燃油市场价格被锁定在 70.00 - 73.00 这个交易区间内。在沙特石油部长将会宣布利空消息的预期下，大量场内交易者做空。但市场于 7 月 26 日突破上涨，开始了一轮大牛市行情，价格最终达到 90.00。这使得那些大宗交易商和他们的追随者损失了上千万美元。这是典型的诱空圈套，是大户们过去经常使用的手段。这些人的错误在于，明明处于牛市，却听信鼓吹熊市的小道消息。

更令人称奇的是，亚马尼确实宣布了石油将会增产一倍的消息（托尼至少在这一点上是对的），并且预计石油价格会有急跌。然而，市场作为最终的裁判，并不为所动，依然发疯似的连创新高，对石油部长声势浩大的信息披露几乎没有什么反应。这种结果一定使那些倔强的做空者们震惊不已而且受伤不浅，由于盲目听从市场小道消息，在牛市中做空，他们最终损失了上千万美元。

这个故事给我们的启示就是，要小心市场上那些小道消息以及看似好心的提醒。当基本面分析和技术分析得出的结论与小道消息不一致时，你不相信良好而客观的分析结果，却要铤而走险，逆势而动吗？无论何时，都应该专注于对市场趋势和在现有趋势下成交量异动的客观分析。虽然这很困难，但成功的交易者都是那些能够对漫天纷飞的各种"可靠"消息和纷繁杂音置之不理的人。

在香港云集着亚洲最有经验、最有能力的交易者们。恒生期货指数为投机者提供了绝好的交易机会和操作空间。虽然在1991至1993这三年间，股票市场普涨，从3,000点左右一路狂飙到12,000点（见插图4.2），但是交易者们却总试图在这样明显的大牛市中探查空头的蛛丝马迹。每次，只要有新闻媒体播报利空消息，或者评论员、观察员给出不利的点评，特别是当英国官员谈到中英关系摩擦时，市场就会遭受空头的一波暴击。在1993年下半年，当恒生指数处于高歌猛涨的态势时，我却惊讶地发现，在开市时间，一大屋子的交易员、操盘手挤在一台小小的电视机前，专注地听着时任香港总督彭定康①的演讲！在演讲期间，每当他谈及中英两国在谈判桌上难以达成一致的问题时，市场就迫不及待地平掉多头仓，猛烈做空。交易者们完全无视市场的大趋势——那时的大势很明确，就是涨涨涨。

插图 4.2　恒生指数长线周线图，时间区间为 1990 年 7 月至 1994 年 7 月，本次大牛市持续了 4 年。

实际上，在几个月涨势的大背景下，我还是听到很多经纪人和交易员宣布他们要做空恒生指数，原因不一而足：

---

① 译者注：彭定康（Christopher Francis Patte），英国保守党资深政治家，曾任环境部长、保守党主席及香港最后一任总督。1992 年被委任为末任香港总督，并在 1997 年见证香港主权移交。

- 市场已经涨幅过高了。
- 市场马上就要进行一次大的调整。
- 他们收到消息称，价格马上要下跌。
- 上涨的最主要原因是一组纽约投资巨头的大量买入，而现在他们即将开始做空，所以市场马上要跌了。

然而事实是，市场上涨趋势明显而清楚，没有任何理由做空。

这些投机者中的一大批人总是沉浸于松散而不切实际的幻想当中，并且总倾向于做空。他们过早地平掉多头仓，理由是价格已经"太高"了，之后，为了证明其判断的正确性，他们开始做空。做空只能给他们带来大笔赤字，这反复证明了，在一个根深蒂固的大牛市中，只要逆势操作，无论你是位于顶部还是底部，都一定会危害你的资产安全和个人利益。

无论是做股票、商品期货还是外汇投机，纪律性和客观方法都是必不可少的，这也是本书反复强调的主题。我们都曾有过放松警惕、忽视实际的技术分析和市场走势的情况，而实际上，只要我们愿意花心思去研究，市场走势还是可以看得很清楚的。这种情况所带来的后果是显而易见的，那就是失败的交易结果和一连串的损失。对于交易者来说，恐惧、急躁、贪婪，特别是纪律性的缺失，是成功路上最大的障碍。

举个例子，1984 年的夏天，芝加哥粮食市场正处于从宽区间横盘调整到形成明显下行趋势的过程中，大多数可靠的长线趋势跟踪电脑系统都给出了下跌信号，客观的图表技术分析也是如此。当商品研究局粮食期货价格指数①突破230.00点开始下跌时，向下的走势就已经在相当程度上被证实了（见插图4.3）。那个当时正在形成中的熊市是如此之强大，以至于它持续了两年之久。然而，这么清楚的事实却一再被漫天的牛市言论和媒体刊登的关于美国恶劣天气导致粮食减产、苏联前所未有的粮食短缺和可能发生的大规模粮食进口以及加拿大粮食产量下降的评论文章所混淆。一个人难道不该思考一下，（如果事实果真如此）为什么粮食市场深陷下跌泥潭，并在之后的两年间都没有好转呢？

---

① 译者注：商品研究局价格指数，也称 CRB 商品指数，英文为 Commodity Research Bureau Futures Price Index，于 1957 年由美国商品研究局发布。2005 年该指数得到改进，更名为 Reuters/Jefferies CRB Index，简称 RJ/CRB。该指数能够有效地反映出大宗商品的总体趋势，为宏观经济景气程度的变化提供有效的预警信号，是最为著名的商品指数之一。

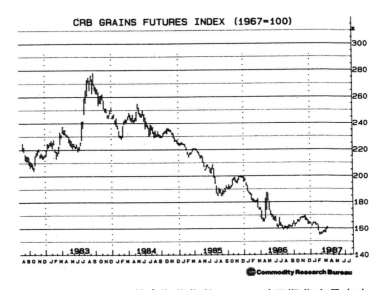

插图 4.3 CRB 粮食期货指数。1984 对于期货交易者来说是充满疑惑和矛盾的一年，新闻和评论几乎清一色地在强调牛市。在看涨预期下，投机者们纷纷在第一季度的反弹时买入。实际上，短暂的上行行情只不过是熊市大背景下一次微弱的喘息，下跌趋势从 1983 年就控制了期货市场，并延续到 1985 年、1986 年。只有纪律严明的操作和务实的技术分析，才能使投资者选择做空，并赚大钱。

同样是在 1984 年年中开始的金属市场行情中，大多数市场预测、经济分析和经纪公司咨询服务都预计价格会上涨，并且清楚地给出了做多的建议。确实是做多！然而，CRB 贵金属价格指数又一次打脸（参考插图 4.4）。价格先开始在下跌的边缘徘徊不前，随后在 80 年代初就长久地陷入熊市不能自拔。

插图 4.4　贵金属指数

　　这一连串的牛市预测很容易使人陷入看涨的错觉，然而，客观而务实的技术指标分析很清楚地显示，熊市正在路上。成功的投机者会用一种纪律严明而务实的态度去分析趋势，并且使用行之有效的趋势跟踪策略，这样就不会理会市场上的小道消息，而是专注于良好的技术分析。这样的投资者，在以上所述的贵金属行情中即使没有做空挣到大钱，也不会去做多而赔钱。

　　总而言之，许多投机者可能都曾处于这样的两难境地，那就是客观技术分析结果与传言中的预测经常南辕北辙。例如，外汇市场上的投机者会发现，无论是把基本面预期还是把市场小道消息作为交易操作的判断依据都不太靠谱。纽约的主要金融报刊对前一阵子外币疲软的走势这样分析道："美元昨日出人意料地走强，一部分原因是，一个波兰的工人领袖被逮捕了。"而德国马克走弱，他们给出的分析是，波兰的贷款主要来自德国的银行。实际上，如果日元走弱，这些评论也会这样抖机灵，解释说这是由于日本与欧洲的关联性不大；而如果德国马克走强，我敢保证仍会有看似合理的解释被编造出来说明个中原因。

当我感觉自己被一些明显前后矛盾、马后炮一样的分析所淹没，搞得晕头转向不知所措时，我的做法是，屏蔽这些所谓的"新闻"，仔细而务实地埋头分析技术表现和指标，努力在混乱中寻找规律。这种思考最好单独进行，远离纷扰和他人的建议。独处和平静的状态，与清晰的思绪和高质量的分析之间似乎存在着某种联系。

第五章 《孙子兵法》(公元前506年)和《成功交易的艺术》(公元1994年)①

有两本书让我百读不厌,一本是利弗莫尔的《股票作手回忆录》,这本书记录了作者的交易策略和探索历程,相信利弗莫尔这个名字对于本书的读者来说已不陌生。另一本是《孙子兵法》,这本书要比利弗莫尔的回忆录深奥晦涩得多,这部作品由一位传奇的中国将军写于约2500年前。最开始,它只被看作是一部关于如何在战场上获胜的专著,如果你逐字阅读,就会发现里面讲的都是军队、火攻、古代兵器和两千多年前的作战技巧。但现如今,作为被全世界广泛阅读和研究的一部书,它的意义早已超出了作者最初的写作目的。

毋庸置疑,在当今社会,《孙子兵法》是最具影响力的论述战略战术的著作。正如两千多年前的军队领袖和谋士一样,当代亚洲的管理人员、政治家也在满怀热情地研读这部著作。例如,在当今日本,商人和政客将这部古代经典论述

---

① 译者注:本章并未提及一本在1994年出版的、叫做《成功交易的艺术》的书,结合本书英文原著的出版时间为1994年这一事实以及本书的内容,推断此处《成功交易的艺术》即指本书。

的策略运用于商业和政坛当中，并获得了巨大的成功。有些人甚至认为，日本在二战后的成就正是孙子所讲的"不战而屈人之兵"的具体体现。不仅在政治领域，《孙子兵法》适用于所有竞争性场景，从个人之间的竞争，到国与国之间的竞争。它的目标是不败的地位、不战而胜的状态，以及通过对物理学、政治学和心理学在对抗中的应用和对对手的掌握来获得不可撼动的力量。《孙子兵法》可以被放在道教精神传统的背景下来考量，它给我们提供了观察人类本性和考察成败决定因素的机会。道教主张，生活是各种力量发生复杂相互作用的结果，并强调人应该在身体和心灵上都不断进步。① 而《孙子兵法》是帮助理解矛盾及其解决之道、纪律性与耐性、成功与失败本质的工具。在对这些问题的所有阐述中，可以确定的是，《孙子兵法》是最生动、最具戏剧性的版本了。但是，我们的关注点不是政治和社会问题，而是金融，让我们看一看，这部作品能为股票和商品期货投机者们带来哪些启示吧。

"知己知彼，百战不殆。"——《孙子兵法·谋攻》

你在金融市场工作的时间越长，你就越会觉得这是一片战场，而你与他人的竞争就是一场场战役。虽然市场上没有背着弓箭、拿着长刀的军队在山的另一边等待与你厮杀，但

---

① 译者注：这里对《孙子兵法》的解读属于作者的个人见解。

你还是总会觉得自己身处于一种诡异而不友好的气氛当中
——大批的市场参与者总是想方设法把你的资金和自信从你
身上剥离出去。你必须完全了解市场，仅有丰富的经验是不
够的，你还得不断反思过去，从中吸取教训。仅仅把市场操
作称为"战役"这一项，就足以让人相信《孙子兵法》对
金融市场的借鉴意义了。就像孙子所说的，你必须做到"知
己"——没有任何事情能比金融投机更需要自知了。

"夫未战而庙算胜者，得算多也；未战而庙算不
胜者，得算少也。多算胜，少算不胜，而况于无算
乎！"——《孙子兵法·始计》

你有没有注意到这样一个现象，就是当你在没做什么研
究，只是根据谣言、传言和道听途说的消息就做出建仓或平
仓的决定时，你几乎没有什么胜算；而当你仔细考虑过已知
因素的每个方面，并一丝不苟地研究了所有因素后，你成功
的几率就会更高。我的个人经验告诉我，确实如此。

"夫钝兵挫锐，屈力殚货，则诸侯乘其弊而起，
虽有智者不能善其后矣。"——《孙子兵法·作战》

在你没有自信和能力控制局面并使交易以巨大的收益或
微小的损失告终的时候，不要进行交易。如果你当前的交易
并不成功，并且你没有信心在下一次的交易中一定可以获利

时，不要进入下一次交易。

"兵之情主速，乘人之不及，由不虞之道，攻其所不戒也。"——《孙子兵法·九地》

当你在做交易的时候，无论你是**日交易者**还是**头寸交易者**，一旦你观测的指标给出了确切的信号，你就应当立即交易、马上交易！当他人还在研究这种变化出现的原因时，你已经下达了交易指令并早已准备好依策略行事。这是一个快节奏的游戏，你必须果敢，并且无论何时，只要市场发出信号告诉你该有所行动了，你就要立马行动。你不该犹豫或者懦弱。不要担心犯错，只要你设置了止损指令就不会亏得太多。但是，对于懦弱的性格，没有任何"止损指令"可以设置。

"取敌之利者，货也。"——《孙子兵法·作战》

每当处于困难而漫长的交易中时，我每做出一次聪明（或幸运）的决定后，都会奖励自己一些能带来满足感的东西。这可能是一顿大餐，或者，正如最近刚刚发生的，我用成功交易所挣到的一大笔钱给自己购置了心仪已久的相机。还有一次，我重仓做多铜并历经了九个月的上下起伏，终于得以获利，我给自己买了一艘14米长的柴油动力定制帆船，它漂亮极了！当我终于得以胜利平仓，全款购入这艘帆船的

时候，那种满足感难以言表。这可能是孙子这条策略最典型
的体现了吧！

　　"图难于其易，为大于其细。天下难事，必作于易。
天下大事，必作于细。"——《道德经》第六十三章①

　　坐在安静又安全的办公室里纸上谈兵，制定计划与策略
总是相对简单的。交易的每一个方面都得研究和计算到：价
格发生涨跌时应该采取什么措施？在什么位置进行金字塔式
加仓？又在什么位置减仓？如果发生不利变化，是要直接平
仓还是采用对冲持仓的办法？这些，还有其他许多别的问题
需要提前——在严重的风险发生之前——被分析研究并附以
解决方案。提前做好准备工作，要比你的资金和自信已经被

----

　　①　译者注：此处疑为外国人对中国古典文献内容的混淆和误传，
英文原文如下："Plan for what is difficult while it is easy. Do what is great
while it is small. The difficult things in this world must be done while they are
easy. The greatest things in the world must be done while they are still small. For
this reason sages never do what is great, and this is why they achieve greatness."
以上一段译文，即使现在在国外网站上也可以很容易被找到，而且几乎全
部显示引自《孙子兵法》，然而译者发现，《孙子兵法》中并没有类似的
表述，而《道德经》第六十三章的内容却与以上英文翻译内容十分贴切：
"图难于其易，为大于其细。天下难事，必作于易。天下大事，必作于细。
是以圣人终不为大，故能成其大。"故译者推断，此处引用的应该是老子
的《道德经》。

置于危险境地时再做决断要容易得多。

"训练身体而不为身体所累，锻炼头脑而不为头脑所用，处于世间而不被世界所左右，完成使命而不为使命所困。"①

只有在身心都处于健康状态下，我们才能在交易中获得最好的结果。"几乎处于最佳状态"是不够的。在交易中获胜，正如同在体育赛事中、在音乐会演出中、在象棋比赛中表现出众一样，都需要身心处于最好的状态，并加之以毫无保留的投入和严明的纪律性。在这些情况下，如果你不具备这样的状态，你自己是有所感知的，此时，在你达到最佳状态之前，不要轻举妄动。同理，不要让外界因素干扰你在交易时的专注状态。有本杂志曾经描述过我在交易时的情景，里面写道，有一次办公大楼在进行消防演练，而我竟然完全没有注意到！实际上，我甚至没有听见火灾警铃，也没有注意到人们在紧张地疏散，因为我实在太专注于市场的变动以及思考我该做出的反应了。

"是谓不争之德，是谓用人之力，是谓配天古之极。"——《道德经》第六十八章

———————

① 译者注：译者在《孙子兵法》和《道德经》中并未找到对应的文字，因此从英文直译成汉语。

关于这一点，利弗莫尔曾经讲过这样一个故事：一个相当成功的老兄想用自己的交易所得给他的女友买一件毛皮大衣，但是却在交易中接连亏损。之后，另一个人接受了这项挑战并努力要挣出这件大衣的钱，但也失败了。随后，周围许多人都试着完成这个任务，但都毫无例外地均以失败告终。最终，计划流产，大衣泡汤，这群人总共损失了 40,000 美元也没有赚回买这件大衣所需的 2,000 美元。在投机领域赚钱不是一件简单的事，在探索成功的路上，你最好要有所准备，保持超然的心态和百分百的专注。如果你的目的是娱乐和开心，那还是做点别的事吧！当你身处市场当中时，你就得条理分明、认真严肃。

我们最后要讨论的，是关于客观性的一条策略，它要求对形势采取冷静的分析以及三思而后行。

"主不可以怒而兴师，将不可以愠而攻战。"——《孙子兵法·火攻》

"是故胜兵先胜而后求战，败兵先战而后求胜。"——《孙子兵法·军形》①

① 译者注：本书英文原著中，以上两句话被合并为一句，而实际上，在《孙子兵法》原文中，这两句话处于相距甚远的不同章节中，译者在翻译时按照《孙子兵法》原文，将这两句话分别摘录出来。

让我们看看，利弗莫尔关于这一点是如何用现代的语言表述的。

"那些既有准确判断力，又有定力的人是最为少见的。我认为，这是世上最难学的东西之一，但是只有当市场交易者真正做到这一点后，他才能赚大钱。当一个人明白了如何交易后，他会发现，现在挣几百万要比当初什么都不懂时挣几百块还要来得更容易。"

第六章　"但他们仍是你 下注的最佳选择"

在与世界知名投资管理人拉里·海特的一次交谈中，他向我表达了这样的观点——他认为他的主业并非商品期货交易，而是"精准下注"。在随后的交流中，他告诉我，他的成功很大程度上归功于他能够计算每笔交易胜率的本领，和据此下注（建立或调整仓位）的能力。

这种操作方法对于专业交易者来说是相当典型的，至于业余投资者——我从未听过任何一个业余投资者表达过类似的观点。在这一点上，非专业的交易者应该多多思考和学习，这将对你的交易操作大有裨益。

本章题目取自美国作家达蒙·鲁尼恩①的一段文字：

赛跑未必快者胜，打仗未必强者赢。
但他们仍是你下注的最佳选择。

专业交易者和以上谚语所讲的是同一个道理，那就是在

---

① 译者注：达蒙·鲁尼恩（Alfred Damon Runyon），1880-1946，美国新闻人、短篇小说家。

最占优势的一方身上押注才是上策。虽然**大风险赌注**也是一种思路，而且一旦押中，回报要多得多，但是要知道的是，在大多数游戏中，最占优势的一方都是获胜几率最大的一方。当然，什么事都会有例外，我们所有人都能说出几个铤而走险下注小概率事件并最终得胜的例子。但例外终归是例外，如果你的目标是长期赢钱，那么你就应该始终在大概率事件上下赌注。诚然，对于某一次具体的赌博来说，铤而走险可能会有不错的胜算，但是作为一个渴望长期盈利的严肃的投机者来说，某一次比赛中的某一次胜利并没有多大意思，这就是要在优势方身上下注的原因了。

举个例子，假如你要对一场网球比赛或象棋比赛下赌注。对抗双方分别是排名第一的种子选手和排名第二十的选手，可以想象，排名第一的选手身上的筹码要远远多于排名第二十的选手，一旦后者获胜，后者的押注者将获得十分丰厚的回报。即便这样，明智的选择依然是押前者。任何大赛水平的选手都有可能在一次甚至几次比赛中打败排名第一的选手，但这仅仅归功于运气或者其他什么别的外界因素，从长远来看，无论是在网球还是在象棋比赛中，实力较弱的选手都不可能倚仗着好运气一直赢下去。所以说，实力最强的选手最有可能获胜，也最受赌场老手所青睐。

有人可能有过这样的经历，那就是在市场大趋势明显向下的时候做多，或在大趋势向好的时候做空，并且赚了不少钱。我们能从这样的经历中得到什么启示？这能证明长期逆势操作一样可以赚钱吗？答案是明确的——错！

我的意见是，如果你曾逆势操作并获利，这基本上可以归因于运气，而不是技术或敏锐的洞察力。除去那些经验极其丰富的交易者能在某些特殊情况下利用逆势操作策略进行交易外，普通人都应该与市场的主要趋势同向而动，那就是：

（a）在大趋势向上并出现小幅回调时，做多；

（b）在大趋势向下并出现小幅反弹时，做空。

以下内容是顺势操作策略交易的典型体现。这是在新加坡国际金融交易所①上市交易的日经指数 3 月份的走势。（参见插图 6.1）

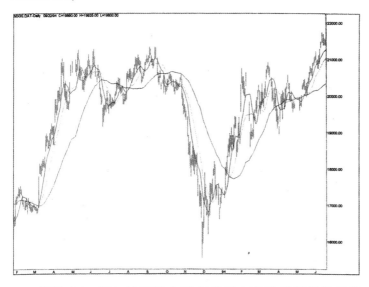

插图 6.1 新加坡国际金融交易所上市的日经指数日线图。这张图体现了趋势的变化——在 10 月下旬市场处于高

① 译者注：新加坡国际金融交易所（Singapore International Monetary Exchange，SIMEX），成立于 1984 年，是亚洲第一家金融期货交易所。

点，此后直至 11 月下旬市场经历了一次急跌，在随后几个
月内，直到 1994 年 3 月末逐渐恢复上行趋势。

在这个例子中，我们应该使用 50 日简单均线与每日收
盘价作对比，来判断趋势。同时，通过对比 9 天、18 天和
50 天均线的趋势，来确定进场与出场时机。方法如下：

买入：收盘价 > 9 日均线 > 18 日均线 > 50 日均线

卖出：收盘价 < 9 日均线 < 18 日均线 < 50 日均线

注："＞"表示"大于"，"＜"表示"小于"。

以 1993 年 3 月和 1994 年 2 月为时间节点，观察这个时
间段内日均线走势，我们可以看到五次明显的趋势改变。

1. 向上趋势：从 1993 年 3 月到同年 4 月中旬，价格从
17,200 涨到 21,000；

2. 向下趋势：1993 年的 6 月和 7 月，价格从 21,000 跌
到 19,200；

3. 向上趋势：1993 年的 6 月到 9 月上旬，价格从 19,
400 涨到 21,000；

4. 向下趋势：从 1993 年 9 月上旬到 1994 年 1 月上旬，
价格从 21,000 跌到 16,000；

5. 向上趋势：1994 年的 1 月到 6 月，价格从 16,000 涨
到 21,700。

任何一个能摸准这五个阶段并顺势操作的投机者，不仅
能够站在正确的多空立场上（除去两次横盘阶段，在这两个

时间段内投机者可能被洗盘，但损失不会太多），而且能在合理规模的风险下获得连续的丰厚收益。趋势跟踪式交易并不追求在最低点买入或者在最高点卖出，如果实际情况恰好如此，那么也只能是更多地归功于运气，而非技术。这种方法有可能在横盘而无明显趋势的阶段造成令人沮丧的洗盘损失，但总体来讲，在有明显趋势的阶段，这种操作方法可以让你在高点或者低点附近进入市场，并且无论你是做多还是做空，都会获得数量可观而持久的收益。

在适用于非专业投机交易者的新方法被发明出来之前，趋势跟踪法和最佳下注法可能还是进行持续操作、有效控制风险的最好办法。最佳下注法的另一个用途是，当你过早地离场后，这个策略可以帮助你重新进场。

显然，要想赚大钱，你必须能做到顺势建仓并准确把握离场时机，这个时间段可能是几个月或者更长。这件事说起来容易做起来难，交易者过早平仓的原因有很多，包括因止损指令设置不合理而被意外平仓，也有因为觉得无聊、没有耐心或者神经紧张而提前离场的。心理学显示，在动态市场中，在市场逼近上涨关头时，大多数观点会倾向于熊市判断；在市场即将下跌时，多数言论却倾向于牛市判断。有人说，"无论大钱小钱，能赚钱就是王道"，但我要说的是："在偌大的市场中，小钱永远不会使人变得有钱。"这是经验之谈。人们总是在尝到一点甜头后就立马离场，随后只能在外围眼睁睁地看着一波大势汹涌而来。

利弗莫尔对此的总结如下：

"那些既有准确判断力，又有定力的人是最为少见的。我认为，这是世上最难学的东西之一，但是只有当市场交易者真正做到这一点后，他才能赚大钱。当一个人明白了如何交易后，他会发现，现在挣几百万要比当初什么都不懂时挣几百块还要来得更容易。"

无论什么原因，当你平仓后的两天内，市场大势如果依然没有发生改变，无论此时的价格与你离场时的价格相比是高是低，你都应该再次入场。

重新入场的策略有很多。对于多头，你可以在比离场当天最高点高出 200 美元处设置限价指令，在此节点以下都可以入场；对于空头，你可以在比离场当天最低点还低 200 美元处设置限价指令，在此结点以上都可以入场。或者，你可以使用短线入场策略，比如对比收盘价与 4 天、9 天均线的走势，这也可以使你重新回到一个不错的位置。在重新返场的时候，千万不要忘记根据你所使用的策略设置止损指令。

第七章　知者不言，言者不知

本章标题借用的，是华尔街一句众所周知的名言。30多年前，当我还是美林公司的初级业务经理时，一位资深股票交易者告诉了我这句话。从那时起，这句名言就成为了我职业策略的一部分，因为在金融这个各种口号、谚语满天飞的行业，这句话是为数不多的具有重要意义的格言之一。

很不幸的是，没有多少金融人能真正把这句话付诸实践。无论是对于交易员、经纪人还是投机者，这句话都能有所帮助，特别是在亚洲——这里的股票和商品价格分析很大程度上依赖于小道消息、谣言、编造的故事或流言蜚语。我的选择总是把确切的技术分析放在首位，而不大理会那些未经证实的提示和故事。

最近正好发生了一件有趣的事，可以佐证以上观点。香港一大型投资公司研发部主管向我展示了某股票的价格图并询问我的意见。"如果你正在对该股进行买卖操作，"他说，"你对它未来的走势有何预计？"

我的回答简单而明确："我不知道。"

那位先生坚持要得到一个明确的答案，并且不停地重复着这个问题。我的答案没有丝毫改变，只是这次我向他说明了我给出这样答案的具体原因："仅仅根据一张价格图，而没有其他补充信息和技术分析材料，我觉得没有人能给出一个准确的答案。"然后，我又说明了我还需要哪些补充信息和研究材料才能开始去分析这张图表。

"这真有意思，"他回答道，"在你之前，我已经把这张图表给至少六个经纪人和分析师看过了，他们所有人都给了我确切的买入点和卖出点，甚至做出了价格目标的判断。事实上，他们所有人的从业时间之和可能都不如你一个人的多。"

我只能说："不要大惊小怪，这是意料之中的事。"

杰西·利弗莫尔在70多年前就曾有过类似经历，以下是他本人关于那次经历的描述：

"一天晚上，我参加了一场宴会。坐在我身旁的男人听说我在华尔街工作，就在交谈中问我，如何在股票市场赚快钱。我没有理会他的问题，反而丢给了他一个问题——我问他是什么职业。他说他是个外科医生，于是我反问他，如何在外科手术中挣快钱。"

我们总是被强迫去不断加深对市场消息（包括编纂的故事、谣言和所谓的提示）与市场的实际表现之间特殊关系的理解。多少次，一个公司仅仅因为宣布了一条利好消息——可能是增加分红，或者利润增长，抑或是收购——其股票就被投资者争相买入。随后，当买方力量相对强大的几天过去之后，这只股票就开始猛跌，所有因为利好消息而刚刚买入的投资者都赔得一塌糊涂。这是怎么一回事呢？之前公布的

不是个利好消息吗？这很可能是因为，这只股票在利好消息
公布前就已经上涨了一段时间了，庄家，作为内幕交易者，
早已知晓将要披露的利好消息，并在此之前已经重仓持有该
股了。利好消息公布后，散户蜂拥而至。你觉得是谁把股票
卖给了大量被蒙在鼓里的散户？除了那些在消息披露前就已
经在不停加仓的内幕知情者外，不可能有别人了。

那么，一个未曾参与过任何内幕交易的普通投资者如何
在一开始就认清形势、保护自己？如果在买入前，他花点时
间观察一下该股走势，就会发现——在信息披露之前，这只
股票已经上涨了一段时间了。本次价格上涨的动力是预期内
的利好消息（至少对于内幕交易者来说，此次利好消息的公
布是早在意料之中的事了），而价格上涨正好为庄家出逃提
供了机会——他们将所持有的巨额股票悉数卖出，而出清的
股票正好被蜂拥而来的散户所吸收。

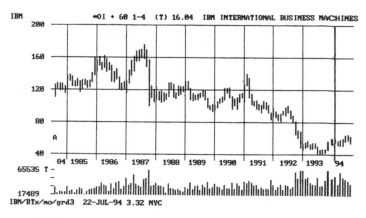

插图 7.1　IBM 公司股票长期月线图，1984 年年中至

1994 年年中。注意，从 1987 年到 1993 年的六年间，股价从175.00 一路跌到 40.00。

购买 IBM 公司股票的投资者亲身体验过上述情景——从1987 到 1993 年，该股价格从 175.00 跌到 40.00。这只股票不止一次地被咨询服务公司和经纪公司推荐，结果却一直跌了六年之久。

蔗糖市场同样很好地向我们展示了市场消息与市场实际表现之间的特殊关系。聪明的投资者应该好好思考下，市场的变化是如何引发消息的释放的。蔗糖市场漫长的熊市在1985 年年中达到最低点，大约在 2.50 这个位置。与下行行情相伴的，是你能想象到的各种负面消息。但是，当市场终于回暖并开始上涨时，突然间，所有的负面消息被一扫而空，取而代之的是各种利好新闻。1987 年 1 月 26 日，在市场完成一次 200 点的拉升后（相当于仅以 600 美元的保证金撬动了 2,240 美元每份合同的涨幅），《华尔街日报》刊载了这样的内容：

"苏联是世界上精制糖进口大国，它对此次蔗糖期货价格上涨的作用不可小觑……分析家指出，苏联已经进口了500,000 - 700,000 吨原糖……一位分析家预测，苏联有可能还要进口上百万吨原糖。此外，有报告指出，巴西将要毁约，拒绝在 1988 或 1989 年之前将原糖的出口量从750,000吨增加到 1,500,000 吨；古巴甘蔗作物的收成及其后续的加工存在不确定因素；在巴西，产业转移使蔗糖生产让步于酒精饮料的生产，巴西国内蔗糖需求量也在增长，各项指标显示，干旱可能导致蔗糖作物减产，从而减少蔗糖供应。"

在市场上涨后，分析家们绞尽脑汁想出各种利好消息，并公之于众。可以肯定的是，在价格大跌后，风向就会立马发生改变，各种熊市言论就会层出不穷。投资者应该认清，这些所谓的"资深专家"总是那些打马后炮的一群人，他们从未在事前告诉过大家应该怎么做。

事实就是这样。读者要记住的主要有两点：一是市场价格总是会上下起伏；二是只有在市场价格发生重大变化后，分析师、评论家们才会站出来，言之凿凿地解释市场为何会发生这种变化。对于许多乐于思考的观察者来说，所有这些所谓的新闻、流言蜚语和谣言看起来更像是专业操盘手和机构投资者故意编造出来混淆视听，以欺骗不明智的投资者逆势而为，诱骗他们掉入昙花一现行情的陷阱。

应当找到一种办法，来帮助投资者绕过这种反复出现的陷阱。这种办法确实存在——精明的投资者从不理会那些漫天纷飞的谣言、八卦和所谓的市场消息，他只会专注于真实技术因素的分析，并严格执行对他和他的投资或交易风格来说适用的策略和风险控制方法。这样的投资者永远不会忘记那句华尔街的至理名言：

"知者不言，言者不知。"

第八章 没有所谓的"坏市场"

我曾收到过一位专业交易员的来信，信的内容与本章要讲的东西密切相关：

"关于最近市场难做的抱怨，我听得真是够多的了。市场趋势不顾各种技术指标和电脑系统的分析结果，突然反转，令人措手不及，而当大多数投机交易者刚刚根据新形势调整好了仓位，市场又突然转向，朝相反的方向飞奔而去了。这种糟糕的市场行情一波接着一波，并且发生得越来越频繁了。对此，投资者们能做点什么呢？"

我相信，许多投资者对于这种情况并不感到陌生，而是感到困惑。他们很想知道，该如何应对这样的"坏市场"。

有这样一种现象，那就是当投资者挣了钱，他会把这归功于自己的技术、敏锐的洞察力和精准把握时机的能力，但是当他赔了钱，他则会归咎于市场行情太糟、太动荡、太反复无常。这很令人悲哀，却真实存在。投机者们倾向于逃避或者拒绝承认亏损的真正原因。

的确，承认失败的原因在于自己对市场趋势和交易时机的误判，在于自己不适当地使用了止损指令或市场战术，是件不容易的事。但是，只有通过坦诚地承认错误，我们才能找出自己做错的地方和犯错的原因，才能在今后避免类似的错误。

关于期货市场，公认的真理是，除了少数短暂时期外，市场和价格趋势本身并无好坏、对错可言。真正区分好坏、对错的，是交易者本身。这种说法自从五千年前，商品交易刚刚出现时就有了。即使在那个原始时期，商品交易的胜者也很可能把这样的市场叫做"好市场"，而败者多半会把它称为"坏市场"。实际上，在波动和涨跌不确定的市场行情中，在一波波反转接踵而至的时候，严明的纪律性和客观态度显得格外重要。我们都经历过洗盘，重要的是，不要让这样的市场行情消磨你的信心和勇气。

1993年，我在一切按既定策略行事的情况下，还是在日经期货指数上被重仓洗盘。从1993年的4月到9月，在市场即将突破下行的预期下，我一直在做空日经3月期货指数。我当时应该注意到，市场被锁定在20,000到21,500这个宽区间内。在几次尝试捕捉市场趋势无果后，我才意识到市场上根本就没有趋势，准确地说，市场在做横盘调整，我本该离场观望。到了10月中旬，我实在难以继续忍受这种不停亏钱的局面，决定离场。然而，就在我刚刚清仓后，在1993年10月的最后一个星期，市场终于垮了，短时间内指数从20,000跌到16,000，而我只能在场外干瞪眼，不敢相信这是真的。

即使在这样令人沮丧的艰难时刻，仍然有许多明智而纪律性极强的交易者在大把赚钱。在这样长期横盘、趋势模糊的时期还能获利真是不简单啊！这种情况下，在判断对错时，交易者要面对严峻的心理考验，那就是希望与恐惧这两种基本情感的对抗。

1. 交易者 A 在大趋势上行的市场环境下做多黄豆，并且收益颇丰。在市场发生第一次回调后，他就立即平仓，理由是害怕市场趋势将会由涨转跌，侵蚀他的既得收益。

2. 与此同时，交易者 B 在大趋势上行的市场环境下做空黄豆，他的损失不多，但一直在增加。他可能会死守下去，希望市场会由涨转跌（市场可能不会发生这种变化，至少，在他和与他有相似想法的人们坚持做空的这段时间内，市场很可能不会下跌）。同时，市场继续上涨走势，他的损失在不断扩大。

以上两人所体验的，是希望与恐惧这两种最基本的情感，但却完全用错了地方。交易者 A 应该死守获利的多头仓，希望市场能继续上涨，增加他的收益；而交易者 B，正好相反，应该害怕不利趋势将会继续（这种趋势多半会继续），损失将会增加（这种损失也多半会增加），并将逆势亏损的空头仓平掉。

市场趋势就像天气一样——情况就是这样，没人能够改变什么。正像马克·吐温所说的："人们天天在谈论天气的好坏，可没人能改变它的好坏。"相似地，如果市场是下行走势，你就应该做空，或者离场；如果市场是上行走势，你就应该做多，或者离场——因为你无法改变市场的基本运行趋势。你或是顺势而为，或是逆势操作并且亏损。

有时候，市场趋势向下，而你在做多，可是不知怎么的，你却挣钱了；或者市场趋势向上，你在做多，却阴差阳错地赔钱了。这些经历是否与我们一直强调的"顺势而为"的思路相左呢？完全不是。任何规律都会有例外，那些逆势操作却赚钱、顺势操作却赔钱的情况，只不过是规则的例外而已。这就像，有一次你看到一个高尔夫手不按常理出牌、打险球，这能说明这个球手总是这样打球的吗？完全不能。这只是非常个别的情况。如果他长期坚持打险球，那么毫无疑问，结果会大不相同。

当交易显示颓势的时候，人会变得沮丧。虽然我们都怀着良好的初衷，并极力按照客观而纪律性严格的方法去操作，但结果却是，我们都曾做过失败者。大家都有过这样的经历，包括我在内。我的对策是，这种时候就该清仓出场，直到你的头脑变得清醒、态度变得积极以后再有所动作。不要着急，市场总会在那里等着你。这让我想起了一个关于迪克森·沃茨的小故事，他是19世纪著名的棉花交易商。当他的一位同事因为巨大的仓位而辗转难寐，来咨询他的意见时，沃茨一针见血地回答道："减仓，直到你能睡着为止。"即使现在听起来，这也是个不错的建议。

第九章　理解力与现实

在任何严肃的投机交易中，交易者都必须明白，实际状况与个人对现实情况的理解是两个不同的概念，更重要的是，交易者要有能力客观地区分二者。例如，每当你顺势操作时，你的期望都应该是大波、长线的行情，如此一来，你就会自觉坚守仓位，不为短线的波动所动摇。这就是对现实情况的理解与现实之间的相互作用。你的理解力告诉你，要把握住每次顺势建立的仓位，以待大势的到来。而你的现实经验却又警示你，大部分交易者所期待的大势实际上是根本不存在的。虽然你明白，所有交易中总有那么几笔能给你带来丰厚的收益，但你并不知道具体是哪几笔交易，那么此处的策略就是，假设每一笔顺势操作的交易最终都可以赚大钱，并设置止损指令使你免于遭受重大损失。

我用一个例子来说明这个策略。第一个情景，我们称之为"情景 A"，它发生在纽约世贸中心①。你正与另外两人一

---

① 译者注：世贸中心，World Trade Centre，位于纽约市曼哈顿岛上，大楼于 1966 年开工，历时 7 年，于 1973 年竣工。2001 年 9 月 11 日，被恐怖分子劫持的两架飞机先后撞向世贸中心的双塔楼，双塔楼在几分钟内相继倒塌。

起乘坐直梯，你认出了其中一位是著名的投资经理。此前你俩从未见过面，但关于这位精力充沛、判断精准的投资经理的传奇事迹你早就有所耳闻。

这位传奇投资经理正在和他的同伴交谈："查理，请你今天下午买入 XYZ 公司 100,000 股。它现在的价格是 40.00 美元左右。"

查理回答道："没问题，老板。不过你怎么会突然看上这只股票？"这个查理你虽然不认识，但你推测，此人应该是投资经理的经纪人。

传奇投资经理说："因为看起来这只股票可能会发生小幅度的技术性挤压，当然，我也并没有指着它能再施展什么大行情，这样说吧，如果能赚到 10 个点左右的利润，就可以卖出了。"

对话到此就结束了，他俩在 43 楼下了电梯，而你继续坐电梯到 46 楼。

当你回到办公室，你坐下来细细思考刚才发生的事。你反复咀嚼你刚刚听到的"消息"，试图判断这是真的，还是为了骗你入局故意做出的表演。你最终判定对话是真的，随后你给你的股票经纪人打电话，询问他关于 XYZ 公司股票的情况。

"你怎么突然想起来问这只股票？"经纪人问，"该股多头力量激增，刚刚放巨量从 39.50 涨到 41.00。不知道为什么会这样。"

"很有意思，"你答道，"请帮我买入 500 股，市价成交。

成交后请打电话通知我。"

几分钟后,你的经纪人打电话来通知你,已买入 XYZ 股票 500 股——其中,300 股以 41.25 的价格成交,剩下的 200 股以 41.50 的价格成交。现在该股的买入价是 41.50,卖出价是 42.00。

你随后开始追踪该股。当天该股收盘价是 44.00,继续放巨量。第二天一开盘就有大宗买单将价格推高到 45.25。在之后的几天中,该股走势一直强劲,直到周五,似乎显示出疲软的迹象,以 52.00 的新高开盘,却以 49.00 的价格收盘,本周以来的第一次高开低走。

周一开盘时,该股继续下挫至 48.25。

这里很有必要岔开一句,讨论一下此处应使用的策略。如果你是故事中持有 500 股的投资者,你会怎么办?概括一下以上场景:你听见了一位传奇投资经理和他的经纪人的对话,这位经理说他会在 XYZ 股票上赚 10 个点,于是你也买入了该股票。可以推测,此时那位经纪人很可能已经赚到了他所预期的 10 个点的利润,如果你此时不抛,那么股票的价格可能会跌回 42 美元,而那时你只能空叹自己当初为何不早早平仓、轻松获利。所以,你会怎么做呢?

我不知道各位读者会有何判断,但如果是我,我就会立即以市价卖掉这 500 股。这只股票已经如你所愿,让你获得了预期利润,所以,该"下车"时就及时"下车"吧!

"场景 A"结束。

然而,这并不是真实情况,这只是个编造出来的故事。

以下才是真实情况的描述，它要有意思得多。

　　故事的开头是一模一样的。投资经理和他的经纪人恰好与你乘坐了同一部直梯，你因此听到了他们的对话。这一次的对话略有不同。

　　传奇投资经理对他的经纪人说："查理，请你今天下午买入 XYZ 公司 100,000 股。它现在的价格是 40.00 美元左右。"

　　查理回答道："没问题，老板。不过你怎么会突然看上这只股票？"

　　直到现在，对话都完全一样。不同点在于这之后的内容。

　　传奇投资经理说："我觉得该股将迎来一大波行情，在年底之前价格可能会翻一番。你先在 40 美元左右的价格买入 100,000 股，如果之后股价能涨到 55 美元，就加购 50,000股。"

　　对话结束。他俩在 43 楼下了电梯，而你继续坐电梯到 46 楼。

　　下面这一段的情节还是一样的，你评估所听到的这段对话是真是假，假设是真，你打电话给你的经纪人，吩咐他买入 500 股。两个版本最大的不同点应该在于你对该股的操作。很可惜，这不是一档互动电视节目，我没法听到读者们的回应，所以，请允许我给大家讲讲我的做法。

　　我将坚持持有该股，即使价格回落到 48.50 也绝不动摇，而且如果股价能从近期高点回调 50% - 60%，我还会继续加仓。

　　故事就是这样，两个版本中市场表现完全一致，但是在"情景 A"中，投资者在股价回调到 48.50 时应立即平仓；而在"情景 B"中，投资者应该坚持持股，并且在股价回调时补仓。读者一定会问，我讲这两个故事意欲何为？"场景 A"和"场景 B"中，投资者采取的行动又有何不同？所有这些又与投资策略有什么相干？最终，我们又能从中学到些什么？

　　让我们从最后一个问题开始：这与投资策略密切相关，如果你能把这一点学习明白，并在实践中反复运用，你的投机交易成果将会得到显著改善。两个场景的不同点与现实和对现实的理解这对概念息息相关。在两个情景中，现实情况十分相似——你听见了一位投资经理和他的经纪人的对话，前者让后者买入某股票 100,000 股。两个场景的不同之处在于，在"场景 A"中，你的预期是一次小幅的、短线的上涨，在此基础上，你很快将股票脱手；在"情景 B"中，仅仅根据故事中你所听到的对话内容，你判断该股会有一波大幅上涨的行情，甚至可能价格翻倍，在此预期下，你的战术应该是，即使股票价格回调，你也要死守该股，并在价格回调幅度较大时补仓。这个结论完全是基于你对股价大幅上涨的预期而得出的。

　　你最开始买入 500 股的行为在两个版本中是一样的，但由于你的预期，或者说是对现实的理解的不同——在一个场景里你认为这只是小幅反弹，而在另一个场景里你认为这是一波主要行情——之后你的表现就完全不同。

现实中，这个故事的重要意义在于，每次顺应市场主要趋势持仓时（"顺势持仓"是至关重要的因素），你就应当假设市场将有巨大的获利空间，并且像在"场景B"中那样表现。我知道，你现在一定着急地想告诉我，现实生活中，多数场景下，市场根本就不存在所谓的"大动作"。我承认，事实确实如此。但是，谁又能提前预测，哪只股票不会有"大动作"呢（注意，我们的讨论被严格限定在个股表现与市场主要趋势这两者之间的关系上）？

金融市场年鉴里，那种起初毫不起眼、最终发展成大行情的例子比比皆是。与此同时，大批在最开始就追随市场行情的交易者，在尝到一点儿甜头后就立即离场，然后眼睁睁地看着市场一波波大涨。

一个绝好的例子是1993年到1994年棉花市场的行情。1993年10月，棉花期货从60.00这个位置拉涨了一波，我当时正重仓持有棉花期货。长线看来，棉花价格在70.00上下有明显的压力位，于是我将仓位减半，收获了第一次涨幅带来的收益，并且盘算着长期持有剩下的一半。虽然计划是好的，但是我还是没有抵制住市场的干扰，在70.00左右的位置将剩下的另一半平仓。从日线图中可以看出（插图9.1），在我平仓后，市场呼啸上行，直达77.00，而我当时早已处于空仓状态了。

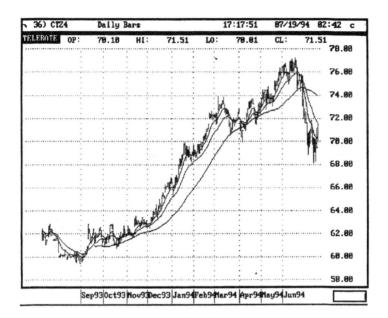

插图 9.1　1994 年 12 月棉花期货日线图。主要行情比大多数交易者预计得都要幅度更大、时间更久。不要着急平仓或者改变持仓情况，直到有明确的技术信号告诉你该去这样做。

　　杰西·利弗莫尔讲过一个关于著名长线股票交易者帕特里奇的故事。有时，一些交易者会告诉他某些市场消息，然后询问他的意见。帕特里奇总是听得很仔细，之后他会说"要知道，现在是牛市"或者"要知道，现在是熊市"，并以这种方法分享他的智慧。一次，一个同行找到帕特里奇，说他要卖掉所持有的"尖峰电机"的股票，因为他听说这只股票要跌，之后他就可以以更低的价格买回该股了。他建议帕特里奇也这样做。

"小伙子,"老帕特里奇沮丧地说道,"如果我现在卖出那只股票,我就会失去它,我哪能再重新买入呢?"

帕特里奇当时持有 500 股,有 7 个点的利润,总共约合 3,500 美元。那位同行显得十分困窘,对其他人说:"你能相信吗?他买了 500 股,现在价格涨到了 47.00 美元。我告诉他卖掉股票,之后再以更低的价格买回来,他却说他不能这样做,因为会丢掉工作!"

"你在说些什么?"帕特里奇回应道,"我没说会丢掉工作,我说的是,我会失去这只股票……我会失去在'尖峰电机'所建立的仓位,我不想这样的事发生。"

利弗莫尔之后继续写道,帕特里奇的意思是,在牛市中,他不愿意冒风险卖掉股票,也许之后根本没有机会再买回。利弗莫尔指出,趋势投机的长线交易者不应该为了捕捉微小的逆趋势利润,就频繁买入卖出,因为,这样的交易者很可能被市场甩出场外。对此,利弗莫尔最后给出了中肯的劝告:

"我明白,如果我试图逆势持仓,我就有可能失掉主要仓位,并因此错失重大的市场行情。要知道,只有大行情才能让你赚大钱。"

第十章 风险控制和纪律性
是成功的关键

在丛林中，对于大大小小的动物来说，第一要务是生存。这也适用于金融投机者，但这里的"生存"应该被理解为"风险控制"和"纪律性"。赚钱是基本目标，但是没有风险控制和纪律性这两个必不可少的方面保驾护航，这个目标是无法实现的。苏格兰人有句老话是这样说的："管好你的每一个便士，那你就不必为手中的英镑担心了。"这句话用于金融投机的版本应该是："控制你的损失，那么就不必为收益担心了。"

现在市面上，有各种各样的讲解关于我们这个时代最优秀投资者所使用的投资策略和技巧的书。这是一群各有特色的天才，他们的投资水平使他们在不同的投资领域都广受敬仰。当我们在研究这些"金钱的主人""市场的奇才"的时候，就会被他们广泛的专业知识领域所震撼，这包括股票投机、长线价值投资、短线快速获利、期权策略、汇率以及债券交易等。几乎每个人所使用的投资方法与其他人的都大相径庭，甚至可以说，在他们的专业操作中基本没有什么共同点，但是，有一个例外，那就是他们中的每一个都认为，风险控制和纪律性绝对是他们成功的最重要因素。在这一点上，这群人无一例外地达成了共识。

可以明确的是，对于本书的读者来说，不管你主攻的是哪个领域的投资，要想稳定而成功地进行投机操作，最重要的两方面就是控制损失（即风险控制）以及"按规则交易"的纪律性。如果你能够控制损失，并且最大限度地扩大收益——这真的很难做到——你就能实现常胜。为此，一个系统化和客观的风控以及自律方法是必要的，这包括以下三个方面：

1. 控制每个仓位的风险

（a）一个方法是，设置每个市场上的最大损失限额，这个额度大约在你总资本金的1% - 3%之间，具体数字应视账户的规模而定。对于较小的账户来说，将这个额度控制在1%以内可能不太现实，因为这样设置的止损指令所允许的范围太过狭窄，市场上的洗盘波动会给你带来一系列的损失。可以说，这个技术的具体实践是一门艺术，它能使风险控制以一种客观而系统性的方式被严格地执行。

（b）另一个方法是，将每个仓位的损失限制在其所在交易所规定的最低保证金额度的一定比例内。这种做法是一种很符合常理的思路，特别是在期货交易中，保证金额度由账户所在的交易所设定，其数额的大小直接反映交易的波动幅度，并间接地指出市场的潜在风险与收益的规模。例如，在世界上最主要的谷物期货交易所，芝加哥商品交易所①，5,000蒲式耳②规格的玉米期货合同的保证金是400美元，而5,000蒲式耳规格的黄豆期货合同的保证金是800美元，因为黄豆期货波动性更大而且本身价格也更高。如果你将损失控制在保证金额度的70%的范围内，那么对于一份黄豆期货合同来说是560美元，而对于一份玉米期货合同来说是280美元，这表明你在黄豆上的获利空间也要比玉米更大。

（c）股票交易者可以根据所投资股票的价格来限定投机交易风险的范围，具体的数字还得取决于股票价格的波动性。对于波动性较大的股票，可以设置相对宽松的止损指令区间，比如股票价格的15%至20%。例如，股票价格为30.00美元，那么损失范围应该设置为4.50美元到6.00美元之间。

（d）再者，投资者用于投机交易的保证金不应超过该账户总资本金的1/3，应该留出2/3的资金放在无风险利率③

---

①　译者注：芝加哥商品交易所（Chicago Board of Trade，CBOT）成立于1848年，于2007年与芝加哥商业交易所（Chicago Mercantile Exchange，CME），合并并形成CME集团公司。现在CME集团公司麾下有4个交易所，分别是芝加哥商品交易所、芝加哥商业交易所、纽约商品交易所（New York Mercantile Exchange，NYMEX，上文提到过），以及商品交易所（Commodity Exchange，COMEX）。

②　译者注：蒲式耳，bushel，容积单位，1美制蒲式耳 = 35.238升，1英制蒲式耳 = 36.3677升，该单位只用于测量固体物质的体积，1蒲式耳单位的不同物质的重量不同。

③　译者注：无风险利率，在美国资本市场上，美国国库券以国家信用为担保，其利率通常被公认为市场上的无风险利率。

的环境下，作为风险缓冲。如果标的价值下降，应该减少持仓来保持 1/3 这个比例。

2. 避免过度交易

这条忠告既适用于频度过高的交易操作的情况，比如挤油交易[①]；也适用于相对于账户内自有资金额来说持仓过重的情况。如果你在过度交易，或者过分追求短线利润，或者你的标的价格稍有不利变动你就会收到追加保证金通知，那么你多半不可能在交易中成为赢家。

3. 减少损失

无论何时，只要你开始投机交易，你就应该规划**止损点**并且要求你的经纪人设置止损指令。那些坐在交易显示屏前经验丰富的、能够在仓位触及其止损线时及时平仓的交易员，可能会隐藏止损指令设置的位置，特别是当他们处于重仓持有状态时，他们的止损卖出指令会像吸铁石一样吸引场内其他交易员的注意，导致大家集中卖出。这里需要强调的是纪律性，在任何情况下，没有设置止损指令都不能成为没有及时离场或者没有在设定的价位及时平仓的借口和理由。

如果一个新开仓位开始向不利方向变动，那么正确设置的止损指令能够在合理的损失范围内把你救出场。而在市场

---

① 译者注：挤油交易，churning，指证券经纪人以增加佣金为目的，通过客户账户进行不必要的、频率过高的交易行为。

向有利方向变动、同时你的账面盈余不断增加的情况下，该如何设置保护指令呢？这种情形下，你应该运用策略，不断改进你的指令，以避免在市场逆转的情况下，账面盈余变成赤字。这里，根本宗旨是"永远不要让收益变成损失"，但是，具体如何操作呢？有一个值得借鉴的方法是，在每周五收盘后，根据本周有利变化的幅度，更改限价买入点、限价卖出点——如果是做多，就按照变化幅度的 50% 提高卖出点；如果是做空，就按照变化幅度的 50% 降低买入点。例如，如果你在做空黄金，市场在一周内跌了 10.00 美元，那么在周五闭市后，你应该将你的买入点再降低 5.00 美元。但是，如果市场在一周内朝着不利于你的方向变动了，你就不应该对前一周设置的指令做出任何变更了。最终，如果市场逆向而行，你之前设置的止损指令会及时救你出局；而如果市场按照你的预期变动，那么你不仅不会产生任何损失，还会收益颇丰。

第十一章　长线与短线

我经常被问及这样一个问题，那就是做长线和做短线，哪个比较赚钱？显而易见，两者都有各自的优点和缺点。我的答案是，哪种方法对你来说更适用，那种方法就是最好的。我自己在进行交易时，两种方法都会用到——挣钱的仓位我会长线持有，赔钱的仓位则会短线操作。这对我来说很有用。如果市场正朝着有利于你的方向移动（也就是说，你踩准了市场的主要趋势），并且你的交易是赚钱的，那么就尽可能久地持仓。不要试图去踩准高点和低点，因为你绝不可能一直踩得准这样的点位。如果你发现你正在逆势持仓，并且损失不断扩大，那么还是尽快平仓离场吧！

对于一个赚钱的仓位，应该持有多久呢？答案是，越久越好。我最赚钱的两次交易——小麦和铜期货——我分别持有了大约9个月；而蔗糖期货，我长线操作了5年。当然，每当期货合同到期，我都得不断替换新合同以维持长线持有的状态。有时，在大幅逆势回调的情形下，我也会被甩出场，但是每次我都尽快返场。

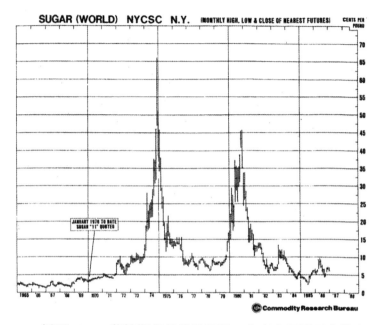

插图 11.1　蔗糖期货长线月线图。拿它来证明耐心的意
义真是再好不过了！在 1967–1968 年两年间，我逐步建立了
一个巨大的多头仓，建仓价位在 2.00 左右。随后价格骤跌至
1.33，我因此失去了 1/3 左右的仓位，但仍然坚持持仓两年。
最终，市场终于打破横盘态势，突破上涨，并且这一涨就是
5 年，最后价格在 1974 年达到 60.00+ 的位置。

　　如果你感到，相比较从前，现在的长线获利越来越不好
做了，那么原因多半在于玩家自身，而非市场。无论是在证
券，还是在商品期货交易领域，大多数技术交易者都越来越
崇尚短线交易和微观分析，这主要是以下两个原因造成的：

- 大量投机资金涌入市场，使市场波动性增加，价格变化难以预测，而市场本身还未发育出足够的广度、机构参与度也未达到足够的程度来消化这些数量庞大的订单。

- 用于短线快速获利的、处理功能强大的微机与软件的种类和数量不断增加，这使许多技术操作者相信短线已成为市场操作的主流趋势，并且乐于进行短线操作。

诚然，现如今是争分夺秒的计算机化的时代，市场数据可以做到实时更新。每月只需不多的钱，投资者就可以获得五分钟（或者更新更快的）时线图，其中各种技术指标会依次不断地出现在电脑屏幕上，投资者也可以将其打印出来。

最近发生了一件事，用在此处作为例证再合适不过了。一天，一位交易者给我打电话，说他认定恒生指数正在形成"头肩顶"形态①，问我对此有何看法。我反问："哪有什么'头肩顶'形态？你说的是哪个市场？"其实，他提到的恒生指数市场，我当时已经关注了一段时间了，我看到的是稳定而强大的上升趋势。那时我正在做多恒生指数，我并不认为该市场有任何触顶的迹象。在与我进行了更为深入的交谈

---

① 译者注："头肩顶"形态，head and shoulders top，是常见的反转形态图表之一，是在上涨行情接近尾声时的看跌形态，图形以左肩、头部、右肩及颈线构成。与之相对的是"头肩底"形态。

之后，对方承认，他讲的"触顶形态"发生在今早很短的一段时间内。我提醒他，他参照的价格分钟图应当以方兴未艾的大牛市作为背景来看，并且告诉他，我对他的分析并不十分认同。我建议他去寻找买入点，而不是卖出点。正如我所分析的那样，市场在收盘时创出新高，给我打电话的那位交易者所说的"形成中的'头肩顶'形态"被随后的市场走势分隔开了，市场上最终并没有形成这样的形态。（参照插图11.2）

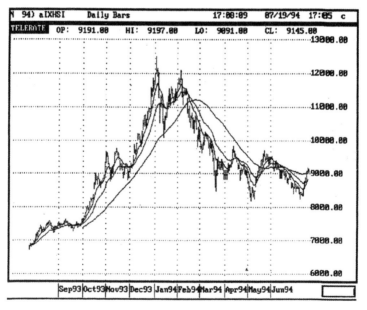

插图 11.2   恒生指数日线图。想象一下，在 1993 年 12 月初 9,937 点的位置，怎么可能会去试图发现一个"头肩顶"的形态？

　　这位投资者的微观角度和短线快进快出的思路与长线操作的要求完全相反，而正是长线操作才能带来稳定的收益和有控制的风险。严格遵循长线趋势操作的策略可以使交易者免于市场杂音的干扰，从而更好地认清市场主流趋势的走向。如果一个交易者一直盯着五分钟价格变化图或者三分钟价格变化图，他怎么可能对市场前景有整体的了解？对他来说，三五个小时已经是"长线"了。

　　在我研究市场的过程中，我发现长线走势图格外有用，它能使我对市场表现有整体的判断。有时，我在想究竟有多少投资者追踪的是长线走势图和长线指标，又有多少人使用的是短线的，比如五分钟、十分钟甚至实时价格变化图？我认为，前者的数量应该不多。

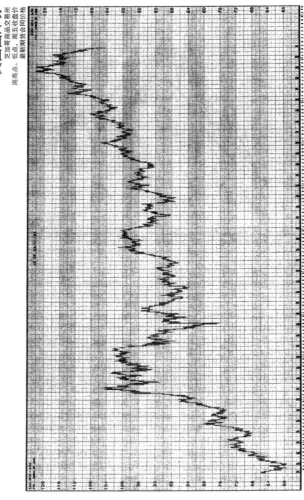

图11.3 美国国库券长线月线图。对长线走势图的研究可以使交易者头脑中形成一个对市场的宏观的、平衡的看法。在获得如下单位允许后重印：1994 Knight-Ridder Financial；30 South Watcher Drive Suite 1820, Chicago, Illinois 60606

将短线和长线技巧融入到交易策略中去

对于激进而富有经验的交易者来说，他们能够将短线和长线指标结合而形成行之有效的交易策略，这很耐人寻味。第一步要认清每个市场的主流趋势。这里要说明的是，市场上有多少个交易者，就有多少种辨别市场走势的方法。有的交易者甚至完全基于对图表的主观理解就对市场趋势做出判断，对于经验丰富、自律性强的老手来说，这种方法可能是有用，甚至是精确的；而对于其他投资者来说，这未免也太主观、太随意了。大多数交易者对市场的判断会有偏差，比如我，我得承认，在黄豆期货走势的判断上，我偏向做多，即使给我一篇立场中立的走势分析报告，我还是会倾向于买入，而不是卖出。在这里，我们所追求的，是中立、无偏差和客观的市场分析方法。

在开始讨论这样的分析方法前，我要说明的是，这里用于范例的均线并不是我本人特定使用的那些。这些例子只是为了更形象地说明问题，之所以使用这些而非别的例子，是因为它们具有代表性——许多相当成功的交易者都在使用类似的均线。当然，每个交易者都应该尝试各种技术分析方法，并从中找到最适合自己目标和交易风格的指标和方案。

在长线走势判断方面，有一个简单而直接的思路，那就是用50日简单均线与日收盘价作对比。它的工作原理如下：

1. 满足以下条件，可以判断趋势是上行的：

（a）收盘价高于均线；

（b）均线总体趋势向上。

2. 满足以下条件，可以判断趋势是下行的：

（a）收盘价低于均线；

（b）均线总体趋势向下。

在实际操作中有很多趋势判断的方法，其中一些非常复杂，而上面所讲到的这一种则十分简单，而且比其他大多数方法更加有效。这个方法还有一个优点，就是它是完全客观的，不存在偏差的。作为一个纯数学方法，它既简单，又直接。要说明的是，横盘整理的市场的均线看不出总体趋向，它与价格线几乎重合。有这种特征的市场注定是横盘行情，在这种情况下，趋势跟踪策略并不适用。

从以上趋势判断的客观方法中，可以总结以下规律：

- 在上行市场中，只能做多，或者观望，千万不要做空。
- 在下行市场中，只能做空，或者观望，千万不要做多。

下一步要确定买入和卖出的规则，这里我们要讨论的有如下几条：

- 对于长线分析来说，将日收盘价与三种简单均线作对比——10 日均线、20 日均线、50 日均线。

做多，如果：日收盘价 > 10 日均线 > 20 日均线 > 50 日均线。

做空，如果：日收盘价 < 10 日均线 < 20 日均线 < 50 日均线。

- 对于短线分析来说，将日收盘价与三种简单均线作对比——4 日均线、9 日均线、18 日均线。

  买入，如果：日收盘价 > 4 日均线 > 9 日均线 > 18 日均线。

  卖出，如果：日收盘价 < 4 日均线 < 9 日均线 < 18 日均线。

整理一下本策略的整体思路：

- 在上行趋势下（使用 50 日均线辅助判断），在做多信号出现时买入，即日收盘价 > 10 日均线 > 20 日均线 > 50 日均线。

  当出现以下短线卖出信号：日收盘价 < 4 日均线 < 9 日均线 < 18 日均线时，平仓离场（这里指的只是卖出所持有的多头仓，而不是转而做空）。

- 在下行趋势下（使用 50 日均线辅助判断），在做空信号出现时卖出，即日收盘价 < 10 日均线 < 20 日均线 < 50 日均线。

  当出现以下短线买入信号：日收盘价 > 4 日均线 > 9

日均线 > 18 日均线时，平仓离场（这里指的只是买入平仓，而不是转而做多）。

如果你已经离场，但是市场仍旧下行（以 50 日均线的走势作为判断基础），出现以下卖出信号时，可以重新入场：日收盘价 < 4 日均线 < 9 日均线 < 18 日均线。

由于基于指标表现的反转信号可能会拖慢你的反应速度，为了保险起见，你也可以同时设置止损指令，把潜在损失控制在保证金总额的70%以内。

总结一下长线趋势分析的要领：

- 通过对比 50 日简单均线与日收盘价的关系，判断长线基本走势。
- 如果基本趋势上行，做多或者观望，切忌做空。
- 如果基本趋势下行，做空或者观望，切忌做多。
- 如果短线分析法给出卖出信号，并且你已将多头平仓，那么此时不要做空。如果 50 日简单均线走势依旧向上，当短线分析法发出买入信号时，重新回场做多。
- 如果短线分析法给出买入信号，并且你已将空头平仓，那么此时不要做多。如果 50 日简单均线走势依旧向下，当短线分析法发出卖出信号时，重新回场做空。

第十二章　做多强势，做空弱势

在最近的十年间，金融市场几次经历了近几年来最为艰难和令人沮丧的时刻。一个交易策略要想被称作优秀，就必须无论在上行市场还是下行市场中，都能使交易者获利。然而这很难，因为在交易中，市场出现过上下两可，甚至是涨跌随机的情况——本来强力上涨的趋势戛然而止，随后猛烈回跌。价格回落暂时中止了市场的上涨趋势，并激活了投资者多头仓的止损卖出指令。而当那些止损指令生效的多头仓被"清空"后，市场却又恢复了上行走势。相似地，不少熊市走势也经历了同样大幅度的反弹，反弹触及空头仓止损买入指令，并将它们清理出局，然后市场又恢复了下行走势。

波动巨大、反复无常的逆趋势震荡，导致保证金部的出镜率越来越频高。当你被要求追加保证金时，你该怎么做？这些年间，我与无数期货、股票交易者谈论过关于收到补充保证金通知后的应对策略问题。总体来讲，大多数投资者在这个方面的态度是自相矛盾、前后不一的，他们需要学习行之有效的应对策略。市场上有两种补充保证金通知——开仓保证金和持仓保证金。交易所一般会要求，开仓保证金以存入新资本的形式而非减持已有仓位的形式得以补充，而持仓保证金则既可以通过存入新资本的形式，也可以通过减仓的形式被补充。

　　持仓保证金追加通知是最常见的一种保证金追加通知形式，不幸的是，大多数投资者面对这种情况时，都会做出错误的选择。在这种情况下，有两种选择：或是增加新资本，或是减仓。如果决定减仓，那么要面对的选择是，哪笔（或者哪些）投资该被减仓，以满足追加保证金通知的要求？在大多数情况下，在遭遇追加保证金通知时，我不建议增加新资本，因为收到追加保证金通知这件事本身就说明账户的投资表现不佳，或者说至少账户中的某几项投资表现不佳，用新资本去填补不良投资所产生的损失，这种做法并不明智。从另一个方面讲，如果投资者为了降低风险而选择立即平仓，那么同时他也就失去了获利的可能性以及重回有利形势的基础。因此，最好的做法是减仓。减仓可以使你保存，甚至增加获利空间，这听起来很不错，但是，如何具体实践这种假设呢？其实，操作的基本方法很简单，许多成功的专业交易者对此都烂熟于心，但不幸的是，大多数投资者并不甚了解此道。减仓的对象应该是那些市价计量下账面亏损最严重的交易，特别是当它们还在逆势而动时候，更该减仓，这样就能有效降低风险暴露。同时，应该保留那些最赚钱的仓位，特别是那些顺应市场大势而建的仓位，并在合适的时机补仓（使用金字塔式补仓法），这样你才能保存自己的获利空间。显然，顺势仓位要比逆势仓位最终获利的可能性更大。

　　令人惋惜的是，实际上，大多数投机者会选择减持盈利的仓位，而死守亏损的仓位。多少次，我们听见他们这样解释：

"我承受不了这样的损失。"然而，这种想法的结果很可能是，当投资者最后不得不平仓时，此时的损失要比提前平仓还大。平掉获利仓而死守亏损仓的代价是巨大的，而且通常是那些不大成功的投资者才会使用的方法。相反地，成功投资者的特点之一，就是能够及时抛掉亏损仓位，并守住盈利仓位，甚至适时加仓。虽然，获利总是比亏损要更令人愉悦，但市场不是一个让你来愉悦身心的地方。我们追求的，是有控制风险下的高收益。所以，你该考虑的是，整体上可以使你的投资达到获利状态的操作方法，而不是去证明自己是对的、市场是错的。

还有一个原则是专业交易员都会遵循的，那就是，在任何一个市场，或者两个相关的市场中，你应该做多表现强劲的股票或者期货，而做空表现最弱的。这种操作方法能以一种建设性的方式，使你的风险得到对冲，因为，如果市场上涨，你买入的强势股票/期货会比弱势的表现更好；而如果市场下跌，你做空的弱势股票/期货会比强势的跌得更多。并且，在某些市场中，比如期货市场，你还能得到减免保证金的优惠。

1983 至 1987 年芝加哥玉米期货市场持久的下行趋势可以作为一个范例来讲解"做多强势，做空弱势"这个策略。那时的小麦期货市场倒是相当强劲，通过技术分析和系统分析，我们可以看到可靠而明显的交易信号。假如你在 1986 年 6 月收到了玉米期货的卖出信号，每份 5,000 蒲式耳规格的玉米期货合约的保证金为 400 美元。随后，同年 10 月份，你又收到了小麦期货市场的买入信号，并且买入了一份小麦

期货合同，它的保证金为 600 美元。综上，玉米的空头期货
和小麦的多头期货所产生的保证金总额应该是 1,000 美元，
但实际上，你并不需要缴 1,000 美元，甚至连两份期货合同
中保证金数额较高的 600 美元都用不着——两份期货合同总
共只需要 500 美元的保证金。但总体而言，我并不建议在如
此小额的保证金条件下进行交易，在本例中，至少小麦期货
的 600 美元应该被足缴，即使这样，杠杆依然非常高。参看
插图 12.1、图 12.2 和图 12.3，理解这是如何做到的。注意，
高杠杆产生了高收益，玉米期货与小麦期货的差价就是"做
多强势，做空弱势"策略的体现。

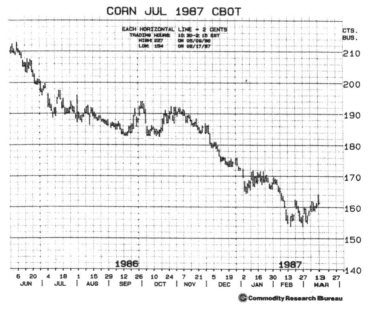

插图 12.1　1987 年 7 月，玉米期货行情。根据"做多强

势，做空弱势"的原则，交易者应该做多小麦期货，做空玉米期货。这是许多专业操盘手寻求的机会。在这种情况下，获利空间大、风险合理、保证金要求低。这种机会每年都会出现，一旦机会出现，交易者要及时把握，进行做多强势，做空弱势的操作。至于入场时机，交易者可以选用自己认为可靠的技术交易系统，在系统发出信号时建仓。

插图 12.2　1987 年 7 月，小麦期货行情。根据"做多强势，做空弱势"的原则，交易者应该做多小麦期货，做空玉米期货。这是许多专业操盘手寻求的机会。在这种情况下，获利空间大、风险合理、保证金要求低。这种机会每年都会出现，一旦机会出现，交易者要及时把握，进行做多强势，做空弱势的操作。至于入场时机，交易者可以选用自己认为可靠的技术交易系统，在系统发出信号时建仓。

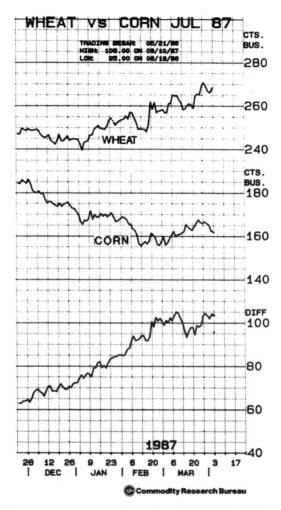

插图 12.3　1987 年 7 月小麦、玉米期货价差图。在使用
买涨卖跌策略时，也可以根据价差图来确定买卖时机。这样
的价差图被广泛地运用于描述两个相关联的市场，或者同一

市场中两种不同期货的关系。交易者可以根据两者之间价差的变动来决定平仓时机。举例来说，假如你买入小麦期货、卖出玉米期货时，两者的价差为 70 美分，而现在小麦期货要比玉米期货高出 1.00 美元（也就是说，你有了 30 美分的盈利）。如果你认为，在价差缩小到 90 美分的时候有必要平仓离场，那么你应该输入如下指令："一旦小麦期货与玉米期货的价差缩小到 90 美分，买入……（数量）玉米期货，卖出……（数量）小麦期货。"有了这个指令，不考虑经纪公司所收取的手续费，你可以锁定 20 美分的利润。

在实践买涨买跌策略的时候，还需要注意的一点是，牛市市场有可能发生**现货溢价**的情况。在这种情况下，相同期限的同种期货合同，即将到期的合同价格要高于几个月后才会到期的合同的价格，即价格倒挂。这可能是由于即期市场（或者近期的市场）上发生了，或者投资者们认为发生了供应紧张的情况。交易者应该对这样的价差变化仔细跟踪，因为（基于收盘价格的）现货升水可以帮助确认牛市行情。对于我本人来说，如果我持有的期货出现现货升水的情况，我一般会加仓 25% – 50% 左右。

另一种需要注意的情况发生在外汇和期货领域，那就是一些交易者倾向于使用多空头双向组合的办法来避免损失。举个例子，比如说，你现在持有 5 月的白银期货，并且亏损严重，而且白银市场仍然处于下行趋势当中。在这种情况下，一些交易者会选择做空 7 月的白银期货，而不是当时割肉卖出所持有的 5 月的白银期货，认为这样就可以将损失控制在做空卖出点的价位上。其实，这并不是一个好主意，因为这种做法无法消除损失，这只是一种拖延时间的方法而已，最终**平掉差价头寸中的一方**后，亏损的头寸还是在那里。最理智的做法是，当时就平掉亏损的多头仓并承担损失，这样交易者就可以在空仓状态下，用一种置身事外的、客观的态度无偏差地观察与分析市场，并在交易指标发出入场信号时重新进入市场。

总而言之，你怎么称呼这条基本策略并不重要——可以是持有盈利仓，平掉亏损仓；或是做多强势，做空弱势——重要的是，你对此要有深刻的认识，能够分辨强势和弱势市场走势，并在实践中将本策略始终如一地严格贯彻执行。

第十三章　拉里·海特
——万亿基金经理

　　那是 1992 年的仲夏，我正驱车通过连接纽约市和新泽西州的林肯隧道，从庄严的哈德逊河下穿过。我在去新泽西州的路上这件事本身并没有什么，但问题是，我在开市期间做这件事就很奇怪了。认识我的人都知道，在交易时间把我从办公桌和显示屏前拖走几乎是不可能的。所以，这次又是怎么一回事呢？

　　我要去见的是一个与我交往了 20 年的老熟人了，我们第一次见面是在华尔街区的中心——白老街 25 号①，我的办公室里。他曾经做过舞台魔术师和摇滚音乐倡导者，是一个很受欢迎的人。这次他来找我，是由于他产生了一个想法，不知道我是否感兴趣：他想建立一个自动化的期货交易系统

---

　　①　译者注：白老街，Broad Street，位于纽约曼哈顿的金融中心，著名的纽约股票交易所（New York Stock Exchange）就位于白老街上。文中所提到的白老街 25 号（25 Broad Street）的位置上，矗立着交易大楼（Broad Exchange Building）。它处于曼哈顿金融中心的心脏位置，始建于 1900 年，是曼哈顿最大的办公楼。交易大楼于 1997 年被翻修改装为一座高档公寓。

和一系列的期货基金，这样，他就可以在全世界各地管理和操作这些基金账户了。

我简略地对自己的情况进行了梳理。当时，我已在华尔街工作了16年，并且在最近的8年内一直在经营自己的商品期货经纪公司。公司不算大，但信誉良好，一直处于盈利状态，最重要的是，这是我自己的生意。我当时是5个商品期货交易所的会员，而我的公司则拥有在纽约商业交易所进行清算业务的资格。这样看来，他的建议还不错。我的办公地点足够大，可以轻松分给他和他的同事几间单独的办公室，我还可以提供给他们任何工作必需的设备。但是，有一个问题横在中间——当时并不是一个好"时机"。

当时，我刚刚将重仓持有的铜和小麦期货平仓，这笔交易耗费了我8个月的心血，最终总算结出硕果——我的客户和我从中获利几百万美元。也许在今天看来，这不算什么大数目，但在20世纪70年代初，这绝对可以算是相当丰厚的一笔收益了。在高风险的投机领域的风口浪尖上混迹了这么久，我当时已经决定关掉公司，退休养老了。我计划移居法国依云镇，并且已经在日内瓦湖岸边买下了一套宽敞的四层别墅。此外，我也通知了我的客户和职员关于公司即将停止营业的情况，并陆续返还客户们的交易收益了。虽然有点可惜，但我认为，反悔是不可能的了，所以我得把这个情况告诉我的老朋友拉里·海特——那个之后经营过在世界范围内规模排名前几的商品期货基金的人。

我正在去见老朋友的路上，等待我们的将是一顿可口的午宴和一个宁静的下午，我们将一起回忆过往、规划未来。像拉里·海特这样类型的人，总是能在经营现在生活的同时筹划未来，他们生活太忙碌了，以至于他们没有太多的时间回味过去。那么，这个名叫拉里·海特的万亿基金经理，到底是个什么样的人呢？

首先，他认为自己并不是一个好的期货交易者。我戏谑地说道，你这一套说辞已经愚弄了包括我在内的许多人了。而他的回答却出乎我的意料，他说，他认为自己的主业并不在商品期货领域，而是在研究"如何精准下注"这个方面。他是这样看待投资机会的——他看到的并不是市场和仓位，而是几率、风险和回报。他强调，包含资金管理和风险控制在内的投资策略的重要性绝不亚于交易技术层面的具体内容。这也是本书一直强调的观点，能与世界级的基金经理达成共识，这很令人愉快。

以下是海特讲述的他作为一名基金经理所取得的成就：

"我将自己的资源用于开发一种不带任何感情因素的、风险厌恶型的、量化的投资方法。严密的电脑程序对价格数据进行测试分析后，判断它们是否为可以反复发生的统计学事件。如果是，那么就要以严格的风险参数对这组数据进行进一步的测试，从而验证这套方法是否能带来持续的收益。

"我发现，（利用这套方法）我只需使用全部本金中很少的一部分进行风险操作，就能获得相当稳定的、高于均值的收益；我完全不用去做图表分析或跟踪特定市场上供求关系的变化，我的收益照样不会减少分毫；我还可以将投资分散到许多市场当中去，只要我严格执行这套办法，我就能取得丰厚的投资回报。

"我认为我的策略是一项了不起的发明，因为它所生成的交易计划符合我的性格和资本实力，它是一种严密的、量化的、赚钱的方法。总而言之，在一个数据分析师和一个程序员的辅助下，我发明出了一套经过数学方法论证的、符合我本人实际情况的交易规则。"

下面是海特关于"精准下注"的讨论：

"我认为自己的主业是研究如何精准下注，也就是说，通过使用计算机找到最有可能获胜的对象，并只对这些结果下注。如果研究对象不符合我们定义的条件，不论别人如何追捧它，我们都会立马抛弃它。这与精算类似，在本质上，我将一个令人感到充实和愉悦的工作转化为一种精算过程——只要是醉心会计工作的人，都会被我的方法所吸引。我将市场和交易过程去主观化，并把它们简化为对概率的研究工作。"

海特的"禅宗交易法"：

"对于我来说，交易中充满了禅宗的哲学，你最好的工具就是你本身。在日本，有一本关于剑术的书，书中对剑术比拼所设置的前提如下：'当你开始一次剑术比赛时，你就应该立即假设自己已经死了，那样你就不必再担心被杀，而只会一心一意地考虑恰当的招数了。'

"当你想明白了该做什么后，下一步就该想一想如何去做并为之行动，这才是一位优秀的交易者该做的。他使用电脑或者其他别的方法，制定一套方案来完成既定目标。对于我来说，对市场的去主观化是实现稳定收益的好办法。如果有人觉得，这使交易变得不够刺激了，那我也认了——我不是为了刺激而进行交易的，我交易是为了赚钱。"

海特谈论控制风险：

"无论是对于投机交易大户还是散户，去主观化的风险管理都是核心和基础工作。虽然有时我们会同时在50个市场进行操作，但是对于这50个市场中的每一个，我们都有一套风险参数，或者损失范围。除此之外，我们还有一套用百分比表示的最大损失范围，用以衡量每个仓位的损失风险与本金的关系。具体而言，我们将投资组合中每个仓位的损失风险（以收盘价为准）限制在账户本金总额的1%，任何仓位一旦发生等于或者大于本金总额1%的损失，在第二天开盘后就会被立马平仓。"

我和拉里·海特深入讨论了关于将每个仓位最大损失风险控制在账户本金总额1%的这个策略。我指出，在经营百万量级的账户时，将损失风险控制在1%比较容易，但是，对于本金较少的投资者来说，1%的限制显然太严格，而且很难做到。比如说，对于一个只有30,000美元本金的账户来说，1%就只有300美元，这样的额度，甚至场内交易员进行短线获利操作时所产生的市场波动都会将投资者甩出场外。

海特也承认，对于小型账户来说，1%的限额确实太过严格。然而，他认为这个策略风险控制的总体方法是可行的。对于小型账户，他会将限额提高到 2% 左右，这并不违背本策略关于风险控制的总体原则，并且能给小交易者更多的空间。显然，使用超出所推荐的 1% 的损失额度，会加大整体操作的风险，所以交易者需要更加谨慎，避免过度交易和其他不当行为。

第十四章　创造并运用一套技术交易系统

　　自信心的损失是最可怕的、代价最大的损失。成功交易的关键从自信开始，你要相信，你有做交易的能力，你可以改掉坏毛病，并在适当的指导下成功地进行交易操作。

　　决定投机交易成败的因素有很多，其中大部分我们已经讨论过了。这一章探讨的主要是创造和使用一套技术交易系统，并辅以优秀的资金管理和风险控制，以此来实现与"赢家"为伍的目标。

　　这世上有无数种交易系统和交易方法，如果你询问9个人关于他们最中意的交易系统的问题，你至少能得到10个答案，甚至更多。在过去的30多年间，我虽然不能说研究遍了所有的交易系统，但也可以绝对地讲，我在这方面了解得不少。以下是较为著名的几种技术分析方法：

集散指标① 　　　能量潮指标②

平均真实范围指标③ 　移动平均振荡指标④

布林线 　　　　　　抛物线止损指标

商品通道指标⑤ 　　相对强弱指数

趋向指标 　　　　　随机指数

指数平均数 　　　　支撑位与压力位

肯特纳通道⑥ 　　　波动止损指标

动能成交量

指数加权移动均线 　威廉指数⑦

———————————

① 译者注：集散指标，又称收集派发线、积累派发线：Accumulation/Distribution（A/D），用来判断市场趋势或趋势反转的指数。

② 译者注：能量潮指标，On Balance Volume（OBV），用于研究价格与成交量关系的指标，以股市的成交量变化来衡量股市的推动力，从而研判股价的走势。

③ 译者注：平均真实范围指标，又称平均真实波幅，Average True Range（ATR），用来测量价格的波动幅度，计算相对简单。

④ 译者注：移动平均振荡指标，Moving Average of Oscillator（OSMA），该指标通常和 MACD 指标结合一起使用，用于判断 MACD 是否加速。

⑤ 译者注：商品通道指标，又称顺势指标，Commodity Channel Index（CCI），用来判断是否存在超买超卖状况，进而判断资产价格变化方向的指标。

⑥ 译者注：肯特纳通道，类似布林线，但对价格波动反应更灵敏，价格突破带状的上轨和下轨时，通常会产生做空或做多的交易信号。

⑦ 译者注：威廉指数，Williams %R，用当日收盘价在最近一段时间股价分布的相对位置来描述超买和超卖程度。

简单移动均线①

这个名单是没有尽头的，并且新的公式和指标还在不断地被发明出来。

我的技术分析方法可以被总结为 KIS，意思是"keep it simple（保持简洁）"。我曾经在我香港的办公室里花费几周的时间评估各个数据提供商的电脑技术分析系统，并最终选定了德励财经②。虽然我使用过日常可以接触到的大多数指标，并对它们了然于心，但根据 KIS 思想，实际上我只需要一些最基本的指标。德励财经公司很热心地为我量身定做了一套系统，既适合我个人的需求，又能很好适应我所使用的策略。

也许，一些交易者总觉得"越多越好"，但是我相信"越好越好"。在华尔街，有这样一句谚语："如果东西没坏，你就别费劲去修理它。"这句话使我受益匪浅，这个道理也被我严格地贯彻在行动当中。当然，这世上没有完美

---

① 译者注：简单移动均线（Simple Moving Average，SMA）和指数加权移动均线（Exponential Moving Average，EMA）相对，SMA 使用的是算术平均数（每个数值的权重都是一样的）；而在 EMA 中，时间越近的数值权重越大，因而 EMA 对近期价格变化的反映更加明显。

② 译者注：德励财经（Telerate），美国金融数据服务商和市场参与者，在 20 世纪 70-80 年代间曾是金融市场数据的主要提供商，后几经转手，最终在 2005 年被路透社收购，成为其市场数据业务的一部分。

的，或者所谓的"对的系统"，只要你觉得好用，对于你来说，它就是"对的系统"。在描述我的"对的系统"之前，请允许我插一句题外话，先讲几种系统性分析方法以及它们的使用方法。

移动均线

移动均线是用途和使用都最为广泛的技术指标之一。在本质上，这是一种用来提示趋势变化的趋势跟踪工具。

- 当近期均线向上与远期均线交叉时，买入。这是上行趋势的信号。
- 当近期均线向下与远期均线交叉时，卖出。这是下行趋势的信号。

趋向指标（DMI）

趋向指标（DMI）是强大的趋势跟踪指标，它所给出的信号不多，但却相当可靠。DMI 有三部分组成：ADXR、+DI、-DI。

DMI 测量市场走势的方向性，取值范围在 0 到 100 之间。在 ADX 值大于 25 或 30 时，再进行交易。ADXR 的斜率也很重要，只有趋势市场才会产生向上倾斜的 ADXR 线，非趋势市场的 ADXR 线的斜率为负。

趋势市场：ADXR 值 > 25 或 30，或者一周之内上升了 3 个点。

非趋势市场：ADXR 值 < 25 或 30，且下跌动能明显。

当 ADXR 值从 35+下降到 30-，说明市场正从趋势行情向非趋势行情转变。

当 ADXR 值从 30-上升到 35+，说明市场正从非趋势行情向趋势行情转变。

只对那些 ADXR 值大于 25 或 30 的行情进行操作。

运用"极点值法则"，设置止损指令：

在+DI 和-DI 相交时，把当日形成的极点规定为反转点。

1. 如果你此时正在做多，那么将交叉形成当日的最低点设置为反转止损点。

2. 如果你此时正在做空，那么将交叉形成当日的最高点设置为反转止损点。

3. 虽然+DI 和-DI 已经相交，但你在按上述原则设置止损指令后，要继续持仓，直到止损指令被激活生效。

其他交易策略和趋向运动

在强劲的上行走势中，+DI 和 ADXR 的向上趋势开始得很早并且走得很高，且+DI 基本位于 ADXR 之上。ADXR 向上与+DI 相交，随后开始下行，这是向上趋势中止或终止的可靠信号。这个信号一般出现在趋势转折当天，或者稍微提前。市场趋势转折总能立即引起 ADXR 向下反转。当+DI 停止不动或者从一个高位调转向下时，这是高点临近的信号。

随机指数

随机指数体现特定时间段内最新收盘价在价格区间内的位置。它涉及两条曲线：

- K 值：快速指标。
- D 值：慢速指标。

如何使用随机指数?

交易者要格外注意 D 值与价格发生背离的情况。

- D 值位于超买区（80 以上），才能卖出；
- D 值位于超卖区（20 以下），才能买入。

D 值与价格发生背离的诱因，是 K 值与 D 值两条曲线的相交。

- 买入信号：当 K 值、D 值都下降到 20-30 这个区间（或者更低），并且在这个区间内 K 值向上突破 D 值，与之相交。

- 卖出信号：当 K 值、D 值都上升到 70-80 这个区间（或者更高），并且在这个区间内 K 值向下突破 D 值，与之相交。

布林线指标

布林线是近几年来发明的技术指标中最为常用的指标之一，它由移动平均线以及上下与之等距的两条曲线组成。布林线被广泛地应用于确定超买与超卖区间。

股价波动在布林线的上限和下限所形成的区间之内，这条带状区间的宽窄，随着市场波动幅度的大小而变化，体现市场的波动性。上限（上轨线）、下限（下轨线）分别与中间的移动平均线（中轨线）距离相等，等于移动平均线的标准差或标准差的倍数。20 日均线作为中轨线的情况最为常见（恩赛因布林线的中轨线就是 21 天移动平均线）。

如何使用布林线

当波带变窄时，有可能随时产生激烈的价格波动。价格波动超出波带边线是趋势继续而非终止的标志。连续低点（或高点）的位置由下轨线以下（或上轨线以上）移动到波带以内，是趋势扭转的标志。产生时位置靠近波带一侧的波动，会向波带另一侧逐渐移动，这个规律有助于预测价格的走势。当价格波动大大超出波带上下边缘时，有经验的分析师会建议减仓。

相对强弱指标（RSI）

相对强弱指标是平均收盘涨数和平均收盘跌数的比值，它被广泛地用于测量超买、超卖的程度，是相当好用的指数。

如何使用 RSI

RSI 位于 70 以上，是超买的标志；而在 30 以下，是超卖的标志。注意 RSI 与价格这两者背离的情况（参照模型一）

- 模型一

  买入，当价格向下而 RSI 上升；

  卖出，当价格向上而 RSI 下降。

例如，当 RSI 在 60-70 这个区间，价格创出新高，而 RSI 却没有。在这种情况下，当 RSI 连续创下新低，表示市场触顶。反之，则为触底信号。

- 模型二（适用于趋势市场）

  买入，当 RSI 值由下向上突破 50；

  卖出，当 RSI 值由上向下突破 50。

要将移动平均线信号与 RSI 信号向结合，来确定市场趋势。

几乎在所有的研讨会与讲座中，投资者对技术交易系统这个话题都格外感兴趣。不久前，我看到了一条关于投机和交易系统的建议：

"读者应该清楚地认识到，投机交易没有一个统一的操作方法。将问题的所有已知条件考虑进去，利润是可以用数学方法计算出来的，但那些未知的数量却常使系统出错。成功的交易者根本解释不清自己是如何做到的，但就是能够拿捏得准股票的最佳买入时机，也能在股票价格偏高时做出正确的判断。

"这样的交易者太多了，写都写不完！在市场价格的变动中也能看到他们的身影——每只股票价格的变化都是希望与恐惧不断对抗的结果，对于有信心获利的投机者来说，这些变化都饱含着无限的商机。经纪公司告诉我们，一百个交易者中只有一个能真正做到，而剩下的九十九个希望自己能做到。他们进行各种计算，加减乘除……尝试这个系统或者那个理论，最终却像韭菜一样，被割了一茬又一茬。"

这听起来熟悉吗？读者是否在某些金融类的书籍或市场参考类的文章中遇到过这样的内容？我认为，这不大可能，因为这是由詹姆斯·梅德博里在距今 120 多年前的 1870 年写就的。

如果在上世纪（19 世纪），一个交易者尝试使用交易系统进行交易，那么他所面临的就是上述情形没错了。可以说，几乎每个认真思考过的交易者都曾有过通过交易系统来确定更好的买卖时机、帮助自己在获利仓位上坚持得更久、把亏钱仓位尽快平仓的尝试。以上这三个目标都很重要——金融交易成功的关键，就在于操作者能够认清这些目标，实现它们，并最大限度地保持这种状态。

趋势跟踪系统的优点在于，它可以使交易者在趋势开始点前后不远的位置顺势建仓（趋势早期的发现与确认很大程度上依赖于指标的敏感性）。好的系统（在这里专指长线交易系统）的精华在于，在获利形势下，它可以使你尽量持久地持仓；在市场形势反转的情况下，它可以尽快提示你出局或者进行反向操作。问题的关键在于"使你尽量持久地持仓"，因为几乎所有使用过交易系统的操作者都知道，精准设置止损指令，使自己在有利走势中尽可能长久地持仓，同时在形势反转时又能及时出局，这是一个困难到令人沮丧的任务。在实际操作中，交易止损指令设置这门精细却不完美的艺术，是成功趋势交易的关键。如果止损指令设置得太过谨慎，那么每当市场稍有技术性调整，你就面临着被清理出场、遭到洗盘的局面；如果设置得太宽松，那么当市场反转时，你有可能遭受巨大的损失一蹶不振，或者消耗掉之前积累的所有的账面收益。精准设置止损指令可以说是交易系统设计中最重要的一环了，在今后的技术研究中应该得到足够的重视。

趋势跟踪系统的另一个问题是，在宽区间横盘整理的阶段——这种情况比形态明显的、走势强劲的趋势市场要常见得多——趋势跟踪的投资者可能会陷入买卖幅度有限的反弹和回调的境地。很不幸，这样的洗盘损失是趋势跟踪系统交易中不可避免的。操作者需要足够的耐性和定力，才能在洗盘损失中不为所动，等待大趋势带来的大收益。拥有这种定力和纪律性不是一件简单的事，我的经验是，如果你有一套行之有效并经过验证的趋势跟踪方法，并且你能够一丝不苟地执行它，而不是为了臆想中的"更好的表现"而一次次地去打破它，你就能做得更好。

关于放弃使用经过验证的交易系统的这个话题，我可以举出很多实例来，特别是过去五年间的例子。很多使用长线系统性策略的一度相当成功的世界级的交易者，在丢弃了那些经过验证的方法而开始随机地、随意地进行交易后，遭遇到了严重的损失。几乎在所有的案例中，那些操作者都承认，放弃行之有效的技术系统是个错误的做法。在本书第十五章会有关于交易系统的更进一步的讨论。

第十五章　交易系统
——克罗推荐的方法

在之前的章节中，我曾提到过，在各种组成交易系统的技术分析方法中，我挑选了 KIS 法[①]，主要使用移动均线交叉法。交易系统不断发展，但移动均线法可以说是所有分析法中发明时间最久、地位最基础的了。简单来说，移动均线（MA[②]）就是连续 X 天的收盘价之和除以 X 所得到的值。例如，10 天简单移动均线（SMA[③]）是这样计算的：将前 10 天的收盘价相加，再用这个和除以 10。最常用的简单移动均线大概要数 5 天—10 天 SMA 组合、4 天—9 天—18 天 SMA 组合了。这里之所以是"组合"，是因为在长期的试误与积累过程中，系统交易者们发现，"交叉法"可以将移动均线交易系统的优势发挥到极致。

本质上，移动均线交易系统有两种用法，它们的效果都

①　译者注：KIS 法，作者在前文写到的"Keep it simple"的简写。

②　译者注：移动均线的英文是"Moving Averages"，这里的 MA 是其缩写。

③　译者注：简单移动均线的英文是"Simple Moving Averages"，这里的 SMA 是其缩写。

令人称奇，表现甚至常常超越那些复杂得多、大费周章的系统。拿一个最简单、最基础的系统举例——12天简单移动均线。当收盘价向上与12天简单移动均线相交时，买入；当收盘价向下与12天简单移动均线相交时，卖出。这个简易系统的弹性较小，表现可能不如两项（甚至三项）交叉法，比如，5天—20天SMA交叉系统。当短期均线（5天SMA）向上与长期均线（20天SMA）相交，买入；当短期均线（5天SMA）向下与长期均线（20天SMA）相交，卖出多头仓，时机合适的话可以做空。

有想法的系统交易者应该仔细研究移动均线。有些交易者使用加权移动均线——相较于更久远的价格表现，它会给近期的价格变化更多的权重；而另一些交易者则会使用指数平滑移动均线，它通过更加复杂的计算，使得时间间隔得以被无限地加以平缓。这样的计算显然需要在电脑和个性化软件的协助下才能完成。

对于任何移动均线策略来说，无论繁简，核心问题都是均线具体天数的选择，以及对于某一商品期货来说，均线是否需要被优化（量身制定）。在这方面，美国分析师**弗兰克·浩克海默**和**戴维·贝克**取得了意义重大的研究成果。我要指出的是，虽然他们的研究成果卓著，但这些研究都是根据很久以前的实际情况进行的，如今市场及其总体的波动性早已发生改变，所以不应该将研究结论生搬硬套到现在的市场当中去。根据以上两人的研究，我总结了类似课题的科研方法，供今后的研究者参考。

浩克海默研究了1970至1976年间13种不同期货从3天
到70天不等的移动均线，得出的结论是，没有什么"通用
的"且是"最好的"组合。他给出的综合表现最好的组合
（以收盘价计算的简单移动均线）如下：

图表15.1 弗兰克·浩克海默实验所得出的
移动均线的"最佳组合"。

	最佳均线（日数）	累计收益/损失（单位:美元）	交易次数	获利次数	损失次数	获利次数与交易次数的比值
白银	19	42.920+	1,393	429	964	0.308
猪肉	19	97.925+	774	281	493	0.363
玉米	43	24.646+	565	126	439	0.223
可可	54	87.957+	600	157	443	0.262
黄豆	55	222.195+	728	151	577	0.207
铜	59	165.143+	432	158	274	0.366
蔗糖	60	270.402+	492	99	393	0.201

应该注意的是，这些交易都是虚拟的，是根据真实数据
事后计算出来的。显然，真实交易不会产生这样的利润。还
要注意的是，获利次数占交易次数的比例很低，从0.201到
0.366，这对于系统交易方式来说是很常见的情况。

对于那些不满足于收盘价和简单移动均线组合的投资者
来说，可以进一步了解下长短线均线交叉法。这个技术指标

需要你计算短线和长线均线，比如 8 天均线和 35 天均线，当 8 天均线向上与 35 天均线相交时，买入；相反，当 8 天均线向下与 35 天均线相交时，卖出。浩克海默在选取长短线均线最优日数组合这个问题上，也进行了成果丰富的研究和实验，他的样本是 1970 至 1979 年间的 20 种不同的组合，其中一些最优组合如下：

- 白银　　　　　13 天 VS 26 天
- 猪肉　　　　　25 天 VS 46 天
- 玉米　　　　　12 天 VS 48 天
- 可可　　　　　14 天 VS 47 天
- 黄豆　　　　　20 天 VS 45 天
- 铜　　　　　　17 天 VS 32 天
- 蔗糖　　　　　6 天 VS 50 天

戴维·贝克也在系统交易领域做出了不小的贡献，他以 1975 至 1980 年间的市场数据为样本，对比研究了 5 天—20 天两项移动均线交叉系统（无优化）和经过优化的[①]两项移动均线交叉系统。不出所料，经过优化的均线组合比统一使用的 5 天—20 天均线组合的表现更加优秀且稳定。以下是贝

———————————

① 译者注："优化"与"未优化"，正如作者在上文中所讲到的，指的是根据期货种类对天数经过筛选的均线和未经筛选的均线（这里指统一使用 5 天和 20 天均线）。

克所总结的最优组合名单的一部分：

- 白银　　　16 天 VS 25 天
- 猪肉　　　13 天 VS 55 天
- 玉米　　　14 天 VS 67 天
- 可可　　　14 天 VS 38 天
- 黄豆　　　23 天 VS 41 天
- 铜　　　　4 天 VS 20 天
- 蔗糖　　　14 天 VS 64 天

请注意浩克海默和贝克所总结的最优交叉组合之间密切的相关性。

对于那些还想更深入地研究移动均线交叉交易的操作者，可以了解一下长线和短线交易系统，两个系统都在 1992 年和 1993 年的市场中表现良好。

长线系统

使用以下任意组合：

- 收盘价 — 5 天指数加权移动均线 — 8 天指数加权移动均线
- 收盘价 — 7 天简单移动均线 — 50 天简单移动均线

买入信号：当组合中的收盘价和两个移动均线这三者第一次同时显示向上的趋势，在后一交易日限价买入——不高于前一交易日最高点外加3个最小变动单位。

卖出信号：当组合中的收盘价和两个移动均线这三者第一次同时显示向下的趋势，在后一交易日限价卖出——不低于前一交易日最低点外减3个最小变动单位。

离场：在投资管理中，设置损失额度为1,500美元。

要说明的是，由于这是长线系统，它所设置的停止指令都相对宽松。

短线系统

使用60分钟（小时）柱状图（你需要有一套在线更新的日内技术分析系统，才能进行这个分析过程）。在临近收盘时，或者次日开盘时进行交易，不要根据日中的信号就开始交易。密切跟踪如下指标：收盘价、7日简单移动均线、50日简单移动均线。

- 开始做多：60分钟线显示，"50天简单移动均线—7天简单移动均线—收盘价"三个参数显示出逐渐走强的趋势，次日开盘时限价买入——买入价格不高于今日最高点外加3个最小变动单位。

- 开始做空：60分钟线显示，"50天简单移动均线—7天简单移动均线—收盘价"三个参数显示出逐渐走弱的态势，次日开盘时限价卖出——卖出价格不低于今日最低点外减 3 个最小变动单位。

- 离场：初始止损额度——600 美元。当你有了 400 美元的收益时，将止损额度提高 300 美元。之后，即使你的盈利超过 800 美元，都不要再变更止损额度了。

　　显而易见，电脑交易系统的一大优点就是具体、精确。另外，它不会像大多数投机者那样，存在偏向做多的偏差，所有的信号都是系统根据数学运算得出的结果。

　　总结来说，交易系统在本质上只是一个工具，像大多数工具那样，它们也有好有次。没有系统能成为持续盈利的"最终解决方案"，而且系统的使用必须有良好的市场策略、投资管理和有效的风险控制加以配合。毕竟，很多成功的交易者甚至搞不清什么是磁盘，然而，对于客观而严谨的操作者来说，"正确的"系统是成功进行交易的好帮手。但是（这里"但是"后转折的内容非常重要），要注意的是，这里收益与交易者使用系统时的耐心和纪律性是成正比的。

　　本书第十四、十五章对系统交易进行了符合实际的、易于理解的介绍，如果读者想要进行更深入的研究，请自行搜索并阅读关于电脑系统交易的专门性著作。

第十六章　指令设置的复杂性

从前我在美林证券公司接受培训时，最不喜欢的项目就是对于正确设置交易指令的练习。我们花费几个小时，学习各种指令输入的技术细节，并分别以客户、业务经理和做市商的身份，一遍又一遍地重复训练。

在培训结束后不久，我被任命为业务经理，在美林证券公司曼哈顿中心区的一个办公室里工作。很快，我就意识到了这项训练是多么重要，并在心里默默感谢那些有如此智慧能将相关训练包含在培训课程当中的人。

渐渐地，我发现大多数投资者和交易者，甚至经验丰富的专家，都对交易指令的设置过程知之甚少，这使我惊愕不已。投资者应该熟练掌握设置指令和接收确认信息的方法，原因有二：

1. 不准确的或完全错误的指令设置会带来高昂的代价。经纪公司一般会对所有指令确认的过程进行录像，一旦发生争议，它们会回放录像。如果错误是你造成的，那么你需要承担纠正这个错误所带来的所有损失，就是这么简单。

此外，如果做市商承认错误在他，而你（译者注：作为经纪公司的员工①）足够敏锐，能够在错误造成不可挽回的损失前做出反应，加以阻止，那么你的公司会对你刮目相看，你的同事或客户也会对你更加尊敬。

2. 了解所有类型指令的正确设置方法有助于更好地进行交易，使你有能力构造并实施一些其他交易者做不到的战术，因为他们只了解最简单、最基本的指令。

无论设置什么样的交易指令，首先要语速放慢，咬字清晰。全神贯注于你的指令和你实际说出口的内容上。很多时候，人们会犯下这样的错误：他们原本要卖出，但是一个走神，瞥见另一张交易单上写着"买入"字样，就错误地下达了买入指令。此外，你应该要求交易员将你的指令重复一遍，而且每次都要如此。如果你刚陈述完指令，对方就挂断了电话，怎么办？这时，你要回拨给他，并礼貌地要求他复述一遍你的交易指令。同理，在交易员打电话向你反馈交易完成的确认信息时，你也应该向他重复一遍所收到的信息。

以下是各类交易指令所包含的组成部分：

1. 买入或卖出

交易指令的第一部分就是买入或卖出指令。每次都要将这一部分重复一遍，例如："买入5份5月蔗糖期货，市价成交。买入。"这听起来可能显得重复啰嗦，但是却能保证

---

① 译者注：情景一是从经纪人的角度展开的，这一段描述的是错不在经纪人，而在于下达交易指令的做市商的情况。

对方明确地了解到，你到底是要买还是要卖。

2. 数量

期货交易时，要明确指出期货合同的数量。只有一个例外，那就是谷物，谷物的交易单位是蒲式耳。一份谷物期货合同的规格是 5,000 蒲式耳，比如你想买入 1 份玉米期货合同，你就应该这样设置："买入 5,000 蒲式耳某月玉米期货。"燕麦、黄豆和小麦期货的下单方法类似。如果想交易 20 份期货合同，那就应该表述为"100,000 蒲式耳"。

3. 交割时间

对于商品期货来说，需要清楚指明交割月份，例如"5 月玉米期货""7 月小麦期货"或者"12 月可可期货"。相较于股票交易，这是一个显著区别。

4. 商品种类

这一项简单明了，但需要注意的是，有些商品名称的发音容易混淆，例如"cotton（棉花）"和"copper（铜）"，所以一定要咬字清晰。此外，如果所交易的商品同时在数个交易所上市交易，那么要清楚指定交易所。例如，黄金在不同的交易所交易，所以你在下达指令时要指明交易所。

5. 价格

交易价格有许多变量：

（a）**市价指令**，正如字面所表达的，场内经纪人会以他能得到的最优价格,最快地完成你的交易指令。你不要幻想,场内经纪人会为了给你争取到一个更好的成交价格,就密切关注市场走势并等待时机。他的工作就是尽快地、准确地完成你的交易指令,并给你反馈。一般情况下,他会以"卖出价"买入,或以"买入价"卖出。如果你希望,经纪人在指令完成的过程中拥有一些自由决策的权利,你可以在指令中加入"全权委托"字样(但是,最终还是要由经纪人本人决定,是否行使这个权利)。例如,你可以这样设置指令:"卖出50份3月铜期货,市价成交,全权委托。"这样的指令常见于订单规模较大且市场流动性较差的场景下,委托人不愿以当时市场的买入价卖出或以卖出价买入。在处理规模巨大的订单前,最好先和场内经纪人沟通一下(优选在非交易时间),这样你们才能清楚地了解到各自的职责所在。

(b)**限价指令**在你不想以当时价格进行交易的时候使用。你需要指出你能接受的最高买入价或者最低卖出价。限价买入指令所设置的价位要低于当时市价,而限价卖出指令的价位要高于当时市价。在限价指令中不需要"或更有利的价位"这样的附加指令,因为所有的限价指令都已经包含了"或更有利的价位"的意思,也就是说,如果能够的话,经纪人总是会尝试寻找更有利的价位。

(c)**止损指令**。最基本的止损指令是当价格上涨到指定位置后买入的指令,或者当价格下跌到指定价位后卖出的指令。

　　例如，蔗糖市场上行，你在低位已买入了 3 份 3 月蔗糖期货合同，现价是7.11美分/磅，你希望在价格突破7.25美分时加仓，市场已经做了几次尝试，都未成功。在这种情形下，你可以这样设置你的指令："买入 2 份 3 月蔗糖期货，指令仅在价格突破 7.27 美分后生效。"只有交易价格或者买入价达到或超过 7.27 美分后，指令才会生效并转化为市价指令。你也可以附加"收盘指令"，如果在收盘时交易价格达到或超过你设置的买入价格，或者跌到或低于你设置的卖出价格，"收盘指令"就会自动转化为市价指令，并在收盘前完成交易。要提醒读者注意的是，"收盘指令"的实际成交价格可能与你设置的价格相去甚远。

　　相似地，止损卖出指令在交易价格未下跌到指定价格前，处于休眠状态。只有在交易价格或者卖出价跌到或跌破你所设置的价位后，止损指令才会被激活并转化为市价指令。"止损卖出收盘指令"同理。

　　在波动较大的市场当中，特别是在一定数量的止损指令集中积累在某个价位下上时，很可能会出现最终成交价超出你所设置的价格的情况（即以更不利的价格成交）。

　　除了简单的止损指令外，你也可以设置止损限价指令（这需要与你的经纪人进行确认，因为一些经纪公司或交易所不接受止损限价指令）。如果说止损指令在被激活后自动转化为市价指令的话，那么止损限价指令在被激活后则会转化为限价指令。这是优点，也是不足，因为它在保证不会以比你设定的限价更不利的价位成交的同时，也可能在交易价格快速变化的情况下，造成你的经纪人还未来得及反应，市场价格就已经突破了所设置的价格的局面，你因此会失去交易时机。

（d）**二择一单**（或称 OCO①）包含两个相关的订单，其中一个先行成交，那么另一个就会被自动取消。例如，如果 8 月黄金期货价格在 384.50 至 388.50 这个区间浮动，你就可以设置以下指令："买入 2 份 8 月黄金期货，价格向上突破 389.50 后生效；或卖出 2 份 8 月黄金期货，价格向下突破 383.50 后生效，OCO。"

（e）**触价委托**（MIT②）是一种限价指令，当市场价格达到所设置的价位时自动转变成市价指令。例如，5 月黄豆期货现在的交易价格为 5.49/蒲式耳，你希望在价格降到 5.42 时买入。你担心在市场价格回落到 5.42 后突然上涨的情况下会错失交易时机，那么你就可以这样设置交易指令："买入 10,000 蒲式耳黄豆，价格为 5.42，MIT。"这个指令的风险在于，成交价可能会比你设置的价位稍高，但是只要市

---

① 译者注：OCO 是"二择一"（one cancels the other）的英文缩写。

② 译者注：MIT 是"触价指令"（market-if-touched）的英文缩写。触价指令与止损指令的最大区别在于，触价买入指令的目的是寻找低价买入的机会，所以所设置的价格比当时市价要低；而止损买入指令只有在市场上涨到某一价位时才会被激活，所以设置的价位比当时市价要高。触价卖出指令的目的在于寻找高价卖出的机会，所以所设置的价格比当时市价要高；而止损卖出指令只有在市场下跌到某一价位时才被激活，所以设置的价位比当时市价要低。

价达到你所预设的价位——即使是一个最小变动单位的量——你的指令都会得到执行。

（f）附加**"成交后"的或有指令**，它的含义是："在你完成当前指令的交易后，请进入下一指令。"例如，指令"卖出 5 份 12 月白银期货，价格为 536.00。**成交后，EOS，价格为 545.00。**"这里"EOS"表示的是"enter open stop（设置一直有效的止损指令）"。你需要咨询你的经纪人，看他们是否接受或有指令，因为一些交易所不接受这类指令。

6. 指令的有效期

所有指令的有效期都被自动设置为一个交易日，除非你有特殊备注。也就是说，如果指令不能在这个时间段内被完成，它就自动失效了。如果你希望指令在下达日之后继续有效，那么你就需要在下达指令时明确指出。

你需要设置"一直有效"指令，这样该指令在成交或被取消前都会一直保持有效状态。或者，你可以指定指令的有效期，比如"买入 2 份 7 月蔗糖期货，价格为 11.55，9 月 30 日前有效"。对于所有一直有效或特定时期有效的指令，在必要的时候，你负有取消责任。比如，当你下达平仓指令的时候，如果之前的指令还处于有效期内，你需要先取消它。

7. 差价委托

差价委托是很常见的指令，它指的是同时买入和卖出不同交割日期的相同或相关商品的期货。交易者使用差价委托指令的目的主要有三：

（a）在做投机交易时，根据分析，你认为差价的一方（你的多头仓）的走势要比另一方（你的空头仓）更加强劲。[①]

（b）你所持有的期货合同不久后将要到期，你希望用新的期货合同替换它们，以达到长期持有该期货的目的。

（c）第三点，也是相当常见的一种差价战术，就是将其运用在处于亏损状态的多头仓上，理由是你不想立即平仓并承担相应损失。这是一个很错误的做法，它只会加深你的困境，增加你的损失。我的建议是，永远不要为了逃避平仓损失而进行差价操作。

最后一个关于期货展期的建议是，如果你本人不是经验丰富的短期操作者，你最好将期货展期工作以差价指令的形式委托给经纪人去完成，以防你在平仓和进入新的期货合同时错失交易时机。

8. 取消指令

在下达取消指令时，你要表述得十分准确。你应该首先告知你的经纪人，你是要仅仅取消指令，还是要用新指令替

---

① 译者注：这个交易策略作者在前文第十二章曾详细介绍过，并指出这个策略的实质是"做多强势，做空弱势"。（c）所描述的错误也在第十二章中有具体的例子。

换旧指令。仅仅取消指令比较简单："取消在 8,640 点位做多 10 份 7 月恒生指数期货合同。"如果你要用新指令替换旧指令，首先应该说明"我要取消旧指令，替换新指令"，然后再陈述具体指令："做空 5 份 7 月蔗糖期货合同，市价成交；取消止损卖出 5 份期货合同，价位 12.35，一直有效指令。"

9. 错误

如果你突然发现，虽然你已经十分小心，但是还是在下达指令的过程中产生了错误，这时该怎么办呢？你应该马上给你的经纪人或做市商打电话，并告知他们。在这个情况下，最重要的是先处理好这个错误，而不是追究错误是谁造成的，你们可以之后再讨论是谁的责任。

首先，要确认你和你的经纪人或做市商的信息是否一致：是买入还是卖出？交割时间是几月？价格是多少？然后，你要快速决定，是否愿意以当前的订单信息进行交易。例如，你也许本来打算买入 3 月蔗糖期货，但是你的经纪人却买入了 5 月同等数量的蔗糖期货。如果是新开合同，你也许能接受买入 5 月期货；但是，如果你买入 3 月期货的目的是将所持有的 3 月期货的空头仓平仓，那么你需要的就是 3 月的期货，而非 5 月的。

总而言之，如果错误的交易不能为你所用，你就要立即平仓。不要坐视不管或者绞尽脑汁想象如何利用这笔错误的交易，这样做的话，也许问题最终能够得到成功解决，那算你走运。但更可能的结果是，这个错误带来的后果会被扩大，最终损失要比当时立即平仓多得多。记住这句话："第一笔损失的代价是最低的。"

对于趋势和价位的回顾

1. 关于趋势

（a）不要把市场笼统地定义为牛市或熊市，这样你就不会从既有的牛市熊市观点出发来看待市场了。

（b）根据技术指标判断趋势：

（i）如果技术指标显示上升趋势，做多。

（ii）如果技术指标显示下跌趋势，做空。

2. 关于价位

（a）永远不要因为市场价格过高就不敢买入，也不要因为市场价格过低就觉得不能卖出。

（b）不要仅仅因为价位过高或超买就卖出，市场很可能还有上涨空间。

（c）最重要的是，交易要以客观的、可靠的指标为依据。这一点上没有例外。

期货交易中的墨菲定律

墨菲定律讲的是事件发生的一种倾向，它是这样说的：

如果有发生错误的可能性，那么错误就一定会发生。用一个形象的比喻来说明这个道理：如果你不小心碰掉了一片一面抹有果酱的面包，那么着地的那一面一定是有果酱的那面。

期货交易者并不太关心面包的哪一面会着地，有果酱还是没果酱，我们关心的，是交易操作中能帮助我们成功的策略。

在这方面，墨菲定律告诉我们以下道理：如果你想提前预知，你的哪些交易将会严重亏损，那么一定是那些没有设置止损指令的，或者是因为你不够谨慎而持仓过重的交易。

为了避免所谓墨菲定律在交易中的不良后果，无论合适，只要持仓，你就应该设置止损指令，并对每个仓位都预设期货合同最大交易份数，在任何情况下，交易规模都要控制在这个范围之内。

墨菲定律在很多情形下，会导致很好笑的结果，但这不包括商品期货交易在内。

结论：市场需要勇往直前的交易者

经过漫长磨练的、付出过高昂代价的、拥有丰富经验的老手都知道，他既有机会遇到充满成功交易与上升空间的好时候，也会遭遇到充满亏损与负面情绪的坏时候。

一个好的交易者需要有良好的情绪控制力和对市场前景准确的判断力。他不会因为好时候突然带来的收益而得意忘形，也不会在坏时候被压垮。

失望和怯懦是人类的两种基本情绪，经验丰富的商品期货交易者对这两种情绪应该都已经相当熟悉了。交易者必须保持自我控制力，才能战胜怯懦情绪，并一直坚持客观的、系统性的期货交易方法。你必须保持自信，才能熬过那些坏时候，并在下一个好时候连本带利赚回损失。

所以，无论如何，都要相信"下一个好时候"一定会来临，你要做的，就是在险境中尽量减少损失，求得生存。

精华总结

投资者必须千方百计避免的最重大的损失，就是自信心的丧失，即不再相信自己拥有在交易中获利的能力。你必须尽全力避免这种情况的发生。

第十七章　尾声：克罗常胜交易法

在本章开头，我先得说明，创作本章并非我本意。本章概括了我管理体量巨大的私人账户和机构账户时所实际使用的交易策略，一般来讲，这样的信息属于私人所有并且是及其机密的。那么，为何我最终还是同意了创作本章内容呢？我在这个领域工作了 33 年，有 5 本关于如何进行交易的著作。华尔街在这三十多年里对我不薄，经过认真考虑，我决定，如果这些策略可以帮到其他投资者，我愿意与大家分享。

然而，还得进行一些必要的说明。以下策略不可能对每个人都适用，所以不要将它看成一个标准方法。这在很大程度上是个人的交易经验，它也应该被这样理解。这个策略对于我来说适用吗？毫无疑问，适用。那么，对你来说呢？也许并不适用，至少，不做任何更改地生搬硬套可能不行。我希望，勤于思考的交易者们能够仔细研究本文所讲，对其做出改进，并根据个人风格将这些战术和战略应用到自己的投资当中去。最后一部分讲的是期货交易中"每份合同的最大风险值"，也许，没有任何两个交易者能在这个标准上的看法完全相同，有些人可能觉得风险太高（每两个止损指令间的距离过大），而另一些人却认为风控要求太过苛刻。本文的数据是实验所得的结果，包括电脑模拟实验和实际操作中的试误，这个结果对我来说是奏效的。我再强调一遍，这是我，一个特殊个体，所总结出的投资策略，并且这是针对期货交易的投资策略，虽然稍加改动后也可以应用到股票交易中。

斯坦利·克罗交易法

- 对于获利仓位，克罗是一个系统性长线交易者，通常会连续持仓 9 周以上；对于逆势不利仓位，他则是一个短线系统性操作者，持仓时间一般不超过 3 周。

- 他使用交易系统，并且基本上会按照系统给出的结果进行交易。有一个例外，那就是在他所跟踪的四种外汇中，他（为自己的每个客户）最多只会选择其中的两种进行交易。总体上讲，他只会根据系统给出的信号进行交易，但是如果市场波动巨大，他会自行判断，否决新的交易或提前结束已有交易。系统性交易最大的好处在于，如果系统能与市场同步运行，那么按照它的指示进行操作，长期看所得到的风险回报率是恒定的。

- 他是一个多元化的投资经理，所跟踪和交易的期货品种达 26 种，交易范围覆盖美国所有主要市场，外加香港市场和新加坡国际金融交易市场。

- 他是一个技术交易者，根据基于价格形成的买卖信号进行果断的操作。这些信号是对每个市场进行技术分析后得出的结果。组成信号的指标未经优化，并被应用于所有市场当中。

- 他是一个比较保守的投资经理，只使用每个账户自有资金的 30% 进行交易。一般来说，对于资金总额在 100,000 美元以内的账户，每个期货品种他只会交易 1—3 个期货合同。这样可以避免过度使用杠杆和过度交易的情况。剩下 70% 的资金用来购买国库券或储备起来。

- 他的资产组合最大限度地体现了分散化投资的理念，投资的品种包括外汇、食品和纤维材料、利率工具、能源、谷物、肉类、金属和亚洲市场。每个品种他都会选择最主要的期货合同，并在该期货最活跃的几个月内进行交易。在这样涵盖类别特别广泛的分散投资组合里，不同品种之间的关联性相对较弱。

- 他在做多和做空之间没有偏向，在设计投资组合的时候深思熟虑，使其既能反映市场的实际情况，又能在多空之间找到平衡。他的基本策略就是做多强势行情，做空弱势行情。

- 他对每个市场的风控措施都十分严格。一般来说，初始风险额度，或称投资止损额度要控制在每份合同 1,500 美元以内。这个精确的额度是从长期的长线交易实践中总结得来的，如果额度设置太大，可能会产生巨额亏损；如果额度设置太小，会提高交易频率，从而降低每次交易带来的利润。所设置的止损额度应该能够使交易有足够的时间去演进。每天开市前对每个仓位分别设置止损指令。根据账户的规模，在每个交易市场中他将账户自有资金的 1%~2% 暴露于风险之下。

- 克罗不动声色地使用止损指令。基于市场表现及技术层面的特点，克罗会根据市场的波动性、交易的获利情况和交易时长设置止损指令。在那些从历史数据看来趋势明显的市场当中，克罗有可能不会提前设置止损指令。在这种情况下，交易模型必须有足够的敏感度，能够及时反映趋势变化。总而言之，他的止损指令设置策略给长线交易的发展留出了足够的空间和时间。

- 克罗从不会试图去踩高点和低点，他的大多数期货合同几乎总是处在正的内在价值的区间。他会假设每个顺势持有的仓位都有形成大行情的可能性，并且尽可能长久地持仓。止损指令会在市场走势反转的时候"告知"他尽快离场。

- 如果他被迫提前离场，那么第二天假如市场趋势依旧，他会利用客观的进场策略，再次顺势进场。

- 总体来讲，对于新开账户，他的入场策略是等待新

信号的出现。然而，如果最近一次的入场信号导致
了亏损，那么他会根据交易天数和近期市场表现，
择机进场交易。

斯坦利·克罗交易法 每份合同最大风险值（1994年3月）		
	美元	点数
1.　肋条肉	1,250	312
2.　英镑	1,500	240 .
3.　可可	1,000	100
4.　咖啡	1,500	4.00
5.　铜	1,250	5.00
6.　玉米	750	15.00
7.　棉花	1,250	250
8.　原油	1,250	125
9.　德国马克	1,500	120
10.　欧洲美元①	400	16
11.　黄金	1,500	15.00
12.　整猪	500	125
13.　燃料油	1,000	238
14.　日元	1,500	120

————————

　　①　欧洲美元：Euro-Dollar，指以美元的形式存入美国境外银行
的存款，它不由美国境内金融机构监管，不受美联储相关银行法规、
利率结构的约束。Euro-Dollar 与欧洲和欧元区没有必然关系，例如，
以美元形式存入日本境内银行的存款也称为 Euro-Dollar。

15.	白银	1,500	30.00
16.	黄豆	1,250	25.00
17.	蔗糖	750	120
18.	瑞士法郎	1,500	120
19.	10 年国库券	1,500	48
20.	美国国债	1,500	48
21.	小麦	1,000	20.00
22.	恒生指数（香港）	975	150
23.	日经指数	960	200

共总结了 23 类期货：

总风险： 26,125 美元

每份合同平均风险：1,178 美元

第十八章 附言
20世纪90年代中国内地和香港地区的投资机会

20年前①，普通中国人都希望自己能拥有一辆自行车、一台缝纫机和一块手表。80年代的时候，这个心愿单里又增加了彩色电视机、冰箱和其他家用电器。现在，90年代，可能很难预测下一个"心愿单"的内容，但那里面很可能包括录像机、立体音响、空调、移动电话，对于先富起来的那一批人来说，可能还有小轿车。

如何从经济的角度描述中国的变化呢？数据可能难以理解。中国有世界上最大的制造业和服务业集团，它有12亿消费者、7亿劳动力和13%左右的经济增长率（而美国的增长率仅在3%左右）。此外，还有从世界各个发达国家源源不断涌来的不计其数的投资。

经济学家预测，到本世纪末，随着经济改革的发展，中国的经济增长率大概平均在9%左右。但实际结果有可能与

---

① 译者注：根据上下文，此处的"20年前"指的是以20世纪90年代为基准，即在20世纪70年代的时候。请读者注意，以下内容均是以此时间点为基准，其所描述的并非当下的情况。

这个预测相左，中国经济发展的道路不会是一帆风顺的，很可能伴随着快速增长的通货膨胀率、欠发达的基础设施和不稳定的外部世界环境。

15 年前，中国最高领导人邓小平做了一次历史性的演讲，开启了中国经济改革的序幕。邓小平讲，"贫穷不是社会主义"。这次演讲开始了一次推动中国大发展的改革，促进现代中国社会向"小康社会"发展。

在十年"文化大革命"后，中国百废待兴，中国的领导人发现，他们已经远远落后于世界的发展了。

1978 年，国家统计公报显示，"肉类、家禽、谷物和其他食品供应短缺……不能满足人民日益增长的需求"。大多数食品和消费品，从自行车到洗衣皂，都是限量供应的。但是，截至 1992 年，各种票证已被取消，人均肉、蛋、谷物产量分别是 25 千克、8 千克和令人称奇的 380 千克，这已达到世界水平。邓小平说，在改革中可以"让一部分人先富起来"。

他的预言正在变为现实，90 年代中期，中国经济发展迅速，世界对中国的信心也不断增强。改革给中国社会带来了巨大变化，极大地提高了中国人的生活水平，特别是较发达地区人民的生活水平。

我记得当我还是美林证券初级业务经理时，一位学识渊博的华尔街老手曾对我说过这样的话："如果你看见一位瑞士银行家跳楼了，那么你也可以跟着他跳下去。因为他不仅一定会实现软着陆，而且没准儿还会在坠落的过程中赚上一笔。"这话当然有夸张的成分，但多少也反映了实际情况。最近，瑞士"三巨头"之一的瑞士银行公司，宣布在上海设立代表处，以此进一步进军中国市场。这是瑞士银行在中国内地的第二个代表处。"这明确显示了我公司扩张中国业务的决心"，瑞士银行北京代表处新闻发言人以他们一向精简的说话方式给出了这样的点评。

如果行业典范的瑞士银行都已经"跳"入中国，我们应该做点什么呢？我们是否应该增加在华的业务量？如何选择正确的时机？作为一个华尔街资深交易者，我的习惯是，在谈及潜在获利机会前，先考虑这其中蕴含的风险。

- 我们看到的只是中国最近 15 年的发展，这个时间太短了，不足以成为推断其长期发展态势的依据。
- 经常有人要求我列出中国商品期货品种和期货交易市场名单。可以说，除了比较出名的且较为完善的北京、上海、深圳、郑州交易所以及新开业的南京汽油交易所外，中国境内大多数的交易所自己本身都前途未卜。目前，据统计，中国大概有 100 多家交易所和远期市场、80,000 多家全国规模的农贸市场或商品交易会。
- 在中国，履行合同的法律强制性还未上升为行业标准，而在其他许多国家这是不可想象的，履约的强制性对于商业目标追求和实现是必不可少的。
- 虽然有关方面努力尝试控制通货膨胀和过度宽松的货币供给，但这些问题仍是稳定的经济发展和良好商业环境的阻碍，并且在可预见的未来，这些问题是否能得到控制还是个未知数。

● 最后，世界希望中国正视它在环境问题上与世界标准的差距，希望中国在一些老问题上避免重蹈覆辙，不然会导致严重的社会问题和经济混乱。

中国年轻的商品期货行业有可能成为其快速而无序发展的牺牲品。商品期货市场在全国遍地开花，这种发展是无序而重复性的。在中国，商品期货交易从无到有只用了 5 年左右的时间。现在，以谷物、其他农产品和食用油、汽油和金属为主的期货合同在北京、南京、上海、深圳和郑州的交易所进行交易。除了这些业已存在的交易所外，大量新兴期货交易所不断涌现，导致了同种商品在众多不同市场内进行交易的情况。据统计，在这个国家，获得批准的大宗商品交易市场和期货交易所就有 20 多家，另外还有 30 多家正在准备开业或处于筹划阶段。

中国内地主要商品交易所（1994 年 1 月）		
名称	交易品种	成立时间
北京金鹏铜交易所	铜	1991
北京商品期货交易所	商品	1993
北京汽油期货交易所	汽油	1992
南京汽油期货交易所	汽油	1992
上海金属交易所	有色金属	1992
深圳金属交易所	有色金属	1992
郑州粮食期货交易所	粮食	1990

对中国企业进行直接投资是件很困难的事，因为直到 1994 年 3 月，仅有 48 家企业被批准卖 B 股给外国人（B 股市场是 1991 年建立的）。所以，国际投资者将投资目标转向香港市场，因为在香港上市的公司中，有许多的业务与大陆紧密相关。正是由于包括主攻中国市场的交易者在内的投资者们的追捧，在过去两年间香港股价才会大幅抬升，直到最近才有所回落。一小撮完全以中国市场为主题的共同基金在那个时期赚得盆满钵满。

直接在上海和深圳这样发育不成熟的股票市场进行交易恐怕还为时尚早，但是外国投资者可以通过其他方法参与中国的发展，这包括通过业已存在的封闭式投资公司和不断增长的开放式基金投向包含中国相关股票的全球或亚洲主题的资产组合。一小部分中国公司已经在纽约股票交易所上市，并且随着中国经济对外开放程度的不断增加，在纽约和香港市场的公开增发将成为可能。简而言之，至少现在看来，对于大多数西方投资者来说，增加对中国投资的最佳途径还是通过共同基金。

对于西方投资者来说，还有一个办法可以使他们参与到中国的发展当中，但是这个方法风险更大，且需要更多的知识和资本。中国政府正在研究通过吸引外资向其经营不善的国企注资的新形式，包括将这些企业直接卖给外国资本。中

国政府希望强大的外国资本，也就是所谓的"白衣骑士"①，可以接管这些经营不善的公司。但是问题在于，经营不善的企业太多，而健康的并有意愿和能力投资的企业却太少。

展望 21 世纪，中国发展真正的受益者很可能是日本、韩国、中国香港和中国台湾，因为它们生产的是高附加值产品，而不是像纺织品和钢铁这样简单的工业品。从长远看，中国需要的将是被称为"中等技术含量"的设备，比如高效发电设备、精炼设备、现代钢厂、电子工厂、汽车制造厂，以上亚洲国家和地区正好出口这些产品和设备。

中国香港 1997 年之后的经济发展前景是个值得思考的问题。让我们首先将事实与谣言、逻辑与投机区分开，中国内地现在明显缺乏，或在不久的将来有可能会缺乏管理有序的国内基础设施、健全的合同法及相关法律法规、自由的国际货币兑换制度和包括国际国内两方面的良好的沟通机制。此外，官僚体制的无效率和严重的腐败也是中国内地所面临的问题之一。

因此，对于世界大多数国家的投资者来说，香港还将继续发挥中国大门的作用，并且其本身也将从中国内地的发展

---

① 译者注：白衣骑士——当公司成为恶意收购目标后，公司的管理层为阻止恶意接管的发生，会主动寻找一家友好公司进行协议收购或合并，这家友好公司就被称为"白衣骑士"。"白衣骑士"与"黑衣骑士"相对，黑衣骑士是指某些袭击者通过秘密吸收目标企业分散在外的股票等手段，对目标企业形成包围之势，使之不得不接受苛刻的条件把企业出售，从而实现企业控制权的转移。

中受益。投资香港要比直接投资中国内地的风险和其他不确定性更低。实际上，如果要设计出一套涉及多国市场的投资策略，香港将是"如何向中国投资"这个问题切实可行的解决办法。香港市场上的许多股票，特别是银行板块、中等科技含量和高科技行业板块与中国内地联系非常紧密，它们发展的好坏和利润的多少与中国内地的情况紧密相关。显然，它们是中国主题的一种"玩法"。香港，凭借其与大陆地理位置的相邻关系与联系的紧密性，将会在中国金融、工程项目建造等领域的扩张中继续得利。这同时也会促进有序的土地所有权和物权制度以及工程建设领域的发展。

随着 1997 年的临近，香港经济将得到进一步发展和扩张。扩张可能会引起通货膨胀率增高、人口增加——特别是中国内地人口涌入带来的人口增加，香港可能会面临新的社会问题。同时，中国内地大型基础设施建设项目的开展将会吸收香港的劳动力资源，这包括处于劳动力市场顶端和底端的人群。

最后要说的是，香港政府的行政效率可能会有所下降，这样的情况会进一步增加那些管理良好的金融业和服务业公司在私人领域的吸引力。

第十九章 后 记

在第十八章中，我们已经强调过中国金融市场所蕴含的巨大不确定性，以及这给制定切实可行的操作策略带来的困难。以下是路透社于 1994 年 6 月 15 日刊载的文章，该文章条理清晰，可以用以评估中国金融市场的不确定性。

上海，1994 年 6 月 15 日，路透社。据《中国证券报》报道，中国政府计划对新兴期货行业进行强制整顿，将绝大多数期货交易所转化为大宗商品交易市场。

根据国务院印发的指导方针，大宗商品交易市场不允许参与期货交易。

仅有一小部分期货交易所能通过国务院下属监管单位证监会的审查，并被允许继续从事期货交易。据《中国证券报》报道，监管单位不会再批准新开期货交易所。

《中国证券报》称，最近发布的指导方针要求，"严厉禁止期货市场野蛮生长"。

期货经纪公司将被禁止在海外市场进行交易。它们必须在合同到期日之前平掉现有头寸，或者进行实物交割，然后提取保证金。

继续营业的期货交易所的主业必须是商品和金融期货交

易，它们将受到严格的监管。

指导方针规定，在外汇期货监管条例颁布前，禁止进行指数连接期货交易，同样被禁止的还有汇率连接期货。

证监会将严格审查全国性的期货经纪公司，并规定这些公司仅能在指定海外期货交易所买卖通过审查的产品。这些公司的海外代理人的资格必须经过证监会的批准才能生效。在进行实物交割时，海外代理人必须遵守中国进出口业务的相关法律法规。

指导方针规定，指定外国交易银行和非银行金融机构的海外套期保值行为必须接受国家外汇管理局和证监会的监管。

原则上，包含外国资本的以及合资性质的期货经纪公司不允许进行再注册。

国有企业的期货交易行为必须受到严格的控制，不允许亏损企业进入期货市场。一切未经批准的期货交易行为都是非法的。监管机构将没收交易设备和全部非法所得，并处以行政处罚，甚至对主管领导进行起诉。

据《中国证券报》报道，在过去的两到三年间，在中国内地新开业了40多家期货交易所和400多家经纪公司。

《中国证券报》上详细刊载了用于改进期货交易所行为的具体标准。

例如，在期货交易所进行的交易中，标准期货合同交易占比必须达到90%以上，而实物交割交易必须少于总量的5%。本年度前5个月内，交易所日均交易量必须超过1亿元人民币，并且会员数量不少于 50 个。此外，交易所须位于主要城市内。

　　周日，《人民日报》指出，盲目的期货投机交易已经造成大量资本的外流和规模巨大的损失。

附　录

活牛

芝加哥商业交易所
月高点、低点、收盘期货合同

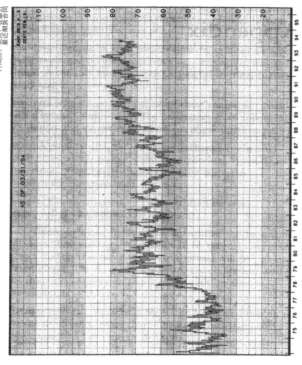

合同详情

交易所：
芝加哥商业交易所

交易时间：
上午8:45至下午1:00（美国中部时间*）

交易月份：
2月、4月、6月、10月、12月

合同规格：
40,000磅**

价格单位：
美分/磅

最小变动价位：
0.025美分

价格最小变动值：
$10.00

单价最大波动限制：
1-1/2美分

价格最大波动限制：
$600

首次交割通知日：
交割月前一个月的最后一个工作日。
这一日之后周一至周四中的任第一天

最后交易日：
交割月倒数第六个工作日

10年期幅度：
高点：84.30（1993年4月，于1993-03-23）
低点：50.72（1985年8月，于1985-07-29）

20年期幅度：
高点：84.30（1993年4月，于1993-03-23）
低点：33.75（1974年6月，于1974-06-12）

1994年，经 Knight-Ridder 金融出版社允许印刷。

*译者注：美国中部标准时间为北京时间，代表当天夜里以后。
**译者注：1磅=0.4539037千克。

合同详情

交易所：
纽约咖啡、糖、可可交易所

交易时间：
上午9:00至下午2:00（美国东部时间* ）

交易月份：
3月、5月、7月、9月、12月

合同规格：
10公吨**（22,046磅）

价格单位：
美元/公吨

最小变动价位：
$1.00

价格最小变动值：
$10.00

单价最大波动限制：
$88.00

价格最大波动限制：
$880

首次交割通知日：
交割月第一天前七个工作日

最后交易日：
交割月最后一完整工作日的前十一个工作日

农事年：
10月1日至次年9月30日

10年期周线：
高点：2,747（1984年7月，于1984-05-21）
低点：785（1992年7月，于1992-06-24）

20年期月线：
高点：5,379（1977年7月，于1977-07-18）
低点：1,028（1973年5月，于1973-05-02）

1994年，经 Knight-Ridder金融出版社允许后印刷。

译者注：美国东部时间是西五区时间，代表城市是华盛顿、纽约。
译者注：这里所讲的“公吨”就是我们日常所用的“吨”。

可可

咖啡、糖、可可交易所
月高点、低点、收盘价
最近期货合同

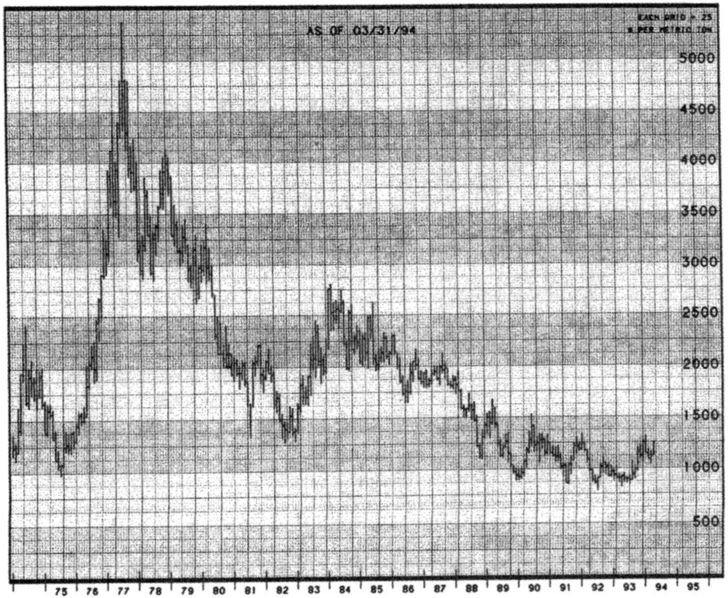

咖啡

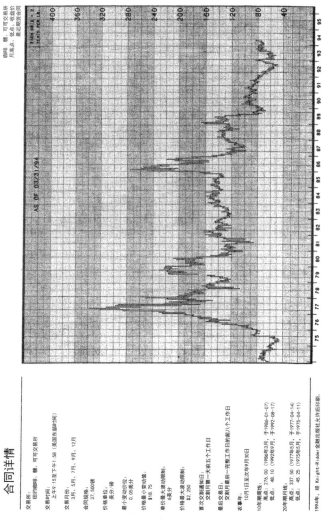

合同详情

交易所：
组约咖啡、糖、可可交易所

交易时间：
上午9:15至下午1:58（美国东部时间）

交易月份：
3月、5月、7月、9月、12月

合同规格：
37,500磅

价格单位：
美分/磅

最小变动价位：
0.05美分

价格最小变动值：
$18.75

单位最大波动限幅：
6美分

价格最大波动限幅：
$2,250

首次交割通知日：
交割月第一天前五个工作日

最后交易日：
交割月最后一完整工作日的前八个工作日

交易年：
10月1日至次年9月30日

10年期限性：
高点：276.00（1986年3月、于1986-01-07）
低点：48.10（1992年9月、于1992-08-17）

20年期月线：
高点：337.50（1977年5月、于1977-04-14）
低点：45.25（1975年5月、于1975-04-11）

咖啡、糖、可可交易所
月高点、低点、收盘价
是近期货合同

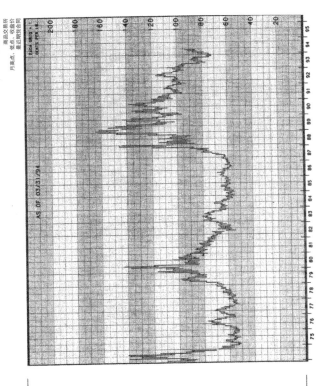

高级铜
商品交易所
月高点、低点、收盘价
最近期货价合同

AS OF 03/31/94

合同详情

交易所：
纽约商品交易所 (COMEX)

交易时间：
上午9:25至下午2:00 (美国东部时间)

交易月份：
3月、5月、7月、9月、12月以及现货交货月

合同规格：
25,000磅

价格单位：
美分/磅

价格最小变动位：
0.05美分

价格最小变动值：
$12.50

单价最大波动限制：
无

首次交割通知日：
交割月前一自然月的倒数第二个工作日

最后交易日：
交割月倒数第三个工作日

交割月：
10月1日至次年9月30日

交易年：

10年期限极：
高点，164.75 (1988年12月，于1988-12-08)
低点，54.70 (1984年10月，于1984-10-17)

20年期月线：
高点，164.75 (1988年12月，于1988-12-08)
低点，50.80 (1975年1月，于1975-01-20)

玉米

芝加哥商品交易所
月高点、低点、收盘价
最近期货合同

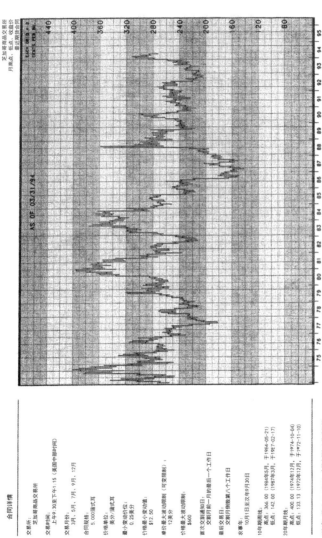

AS OF 03/31/94

| 75 | 76 | 77 | 78 | 79 | 80 | 81 | 82 | 83 | 84 | 85 | 86 | 87 | 88 | 89 | 90 | 91 | 92 | 93 | 94 | 95 |

440　400　360　320　280　240　200　160　120　80

合同详情

交易所:
芝加哥期货交易所

交易时间:
上午9:30至下午1:15（美国中部时间）

交易月份:
3月、5月、7月、9月、12月

合同规格:
5,000蒲式耳

价格单位:
美分/蒲式耳

最小变动价位:
0.25美分

价格最小变动值:
$12.50

单价最大波动限制（可变限制）:
12美分

价格最大波动限制:
$600

首次交割通知日:
交割月前一月的最后一个工作日

最后交易日:
交割月倒数第八个工作日

交割日:
10月1日至次年9月30日

农事年:

10年期极限:
高点：366.00（1984年5月），于1964-05-21）；
低点：142.00（1987年3月，于1987-02-17）

20年期极限:
高点：400.00（1974年12月，于1974-10-04）；
低点：133.13（1972年12月，于1972-11-10）

1994年，经 Knight-Ridder 金融出版社允许后印刷。

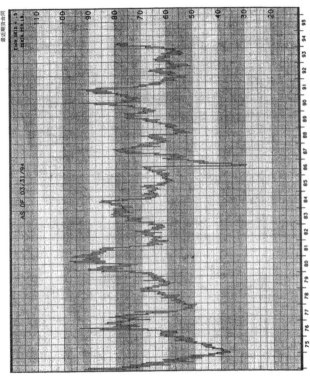

棉花

纽约棉花交易所
月高点、低点、收盘价
最近期货合同

合同详情

交易所：
纽约棉花交易所

交易时间：
上午10:30至下午2:40（美国东部时间）

交易月份：
3月、5月、7月、10月、12月

合同规格：
50,000磅

价格单位：
美分/磅

最小变动价位：
0.01美分

价格最小变动值：
$5.00

单价最大波动限制（可变限制）：
2美分

价格最大波动限制：
$1,000

首次交割通知日：
交割月前第一个工作日的前五个完整工作日

最后交易日：
交割月倒数第十七个工作日

农事年：
10月1日至次年9月30日

10年期周线：
高点：93.90（1990年7月，于1990-07-05）
低点：29.50（1986年10月，于1986-08-06）

20年期月线：
高点：97.77（1980年10月，于1980-09-12）
低点：29.50（1986年10月，于1986-08-06）

1994年，经Knight-Ridder金融出版社允许后印刷。

原油

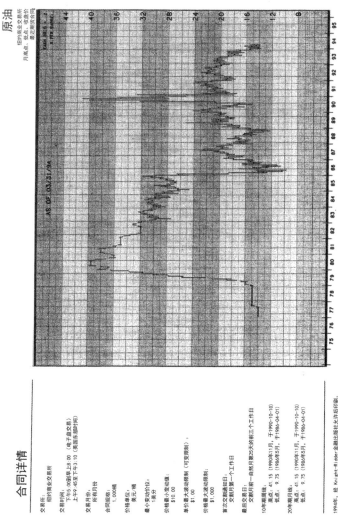

合同详情

1994年，经 Knight-Ridder金融出版社允许后印刷。

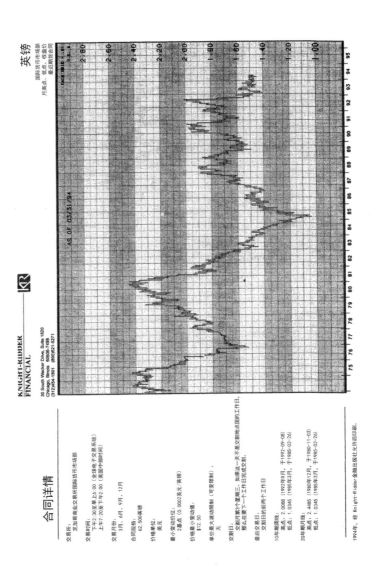

KNIGHT-RIDDER
FINANCIAL

30 South Wacker Drive, Suite 1820
Chicago, Illinois 60606-7499
(312)454-1801 (800)621-5271

英镑

国际货币市场部
月最高点、低点、收盘价
最近期货合同

合同详情

交易所：
芝加哥商业交易所国际货币市场部

交易时间：
下午2:30至早上6:00（全球电子交易系统）
上午7:20至下午2:00（美国中部时间）

交易月份：
3月、6月、9月、12月

合同规格：
62,500英镑

价格单位：
美元

最小变动价位：
2基点（0.0002美元/英镑）

价格最小变动值：
$12.50

单价最大波动限制（可变限制）：
无

交割日：
交割月第3个星期三，如果这一天不是交割地点国的工作日，
那么这要要下一个工作日完成交割。

最后交易日：
交割日的前两个工作日

10年期周线：
高点：2.0088（1992年9月，于1992-09-08）
低点：1.0345（1985年3月，于1985-02-26）

20年期月线：
高点：2.4485（1980年12月，于1980-11-03）
低点：1.0345（1985年3月，于1985-02-26）

1994年，经 Knight-Ridder 金融出版社允许后印刷。

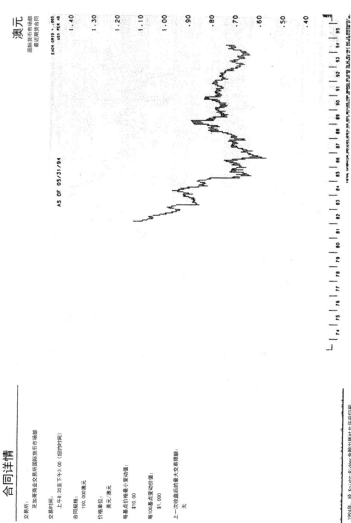

澳元

国际货币市场部
最近期货合同

合同详情

交易所:
芝加哥商业交易所国际货币市场部

交易时间:
上午8:20至下午3:00（纽约时间）

合同规格:
100,000澳元

价格单位:
美元/澳元

每基点的价格最小变动值:
$10.00

每100基点变动价值:
$1,000

上一次收盘后的量大交易限额:
无

1994年，经 Knight-Ridder 金融出版社允许后印刷。

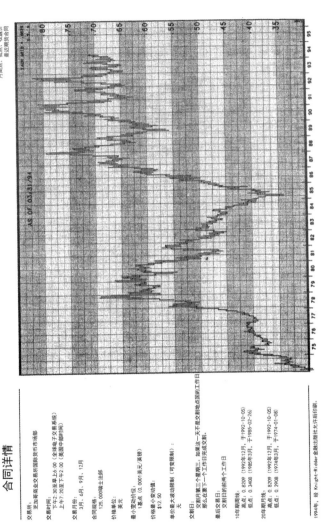

瑞士法郎

国际货币市场部
月高点、低点、收盘价
最近期货合同

合同详情

交易所：
芝加哥商业交易所国际货币市场部

交易时间：
下午2：30至第上6：00（全球电子交易系统）
上午7：20至下午2：00（美国中部时间）

交易月份：
3月、6月、9月、12月

合同规格：
125,000瑞士法郎

价格单位：
美元

最小变动价位：
1基点（0.0001美元/瑞郎）
$12.50

价格最小变动值：
$12.50

单价最大波动限制（可变限制）：
无

交割日：
交割月第三个星期三。如果这一天不是交割地点国的工作日
那么它要下一个工作日完成交割。

最后交易日：
交割日前的两个工作日

10年期价格：
高点：0.8209（1992年12月，于1992-10-05）
低点：0.3408（1985年3月，于1985-02-26）

20年期月线：
高点：0.8209（1992年12月，于1992-10-05）
低点：0.2908（1974年3月，于1974-01-08）

1994年，经 Knight-Ridder 金融出版社允许后印刷。

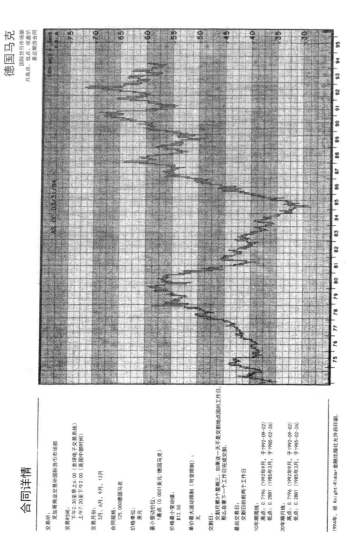

德国马克
国际货币市场部
月高点、低点、收盘价
最近期货合同

合同详情

交易所：
芝加哥商业交易所国际货币市场部

交易时间：
下午2:30至早上6:00（全球电子交易系统）
上午7:20至下午2:00（美国中部时间）

交易月份：
3月、6月、9月、12月

合同规格：
125,000德国马克

价格单位：
美元

最小变动价位：
1基点（0.0001美元/德国马克）

价格最小变动值：
$12.50

单价最大波动限制（有变限制）：
无

交割日：
交割月第3个星期三。如果这一天不是交割地点的工作日，
那么在要下一个工作日完成交割。

最后交易日：
交割日的前两个工作日

10年期限线：
高点：0.7196（1992年9月，于1992-09-02）
低点：0.2881（1985年3月，于1985-02-26）

20年期限线：
高点：0.7196（1992年9月，于1992-09-02）
低点：0.2881（1985年3月，于1985-02-26）

1994年，经 Knight-Ridder 金融出版社允许后印刷。

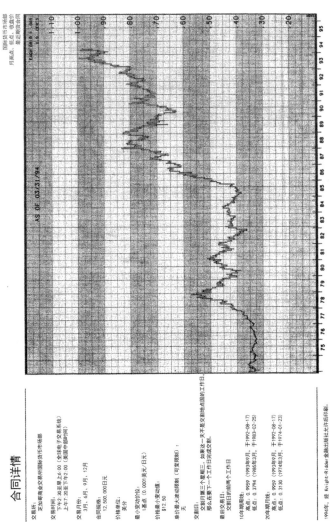

日元

国际货币市场部
月高点 K 低点 I 收盘价
最近期货合同

AS OF 03/31/94

合同详情

交易所：
芝加哥商业交易所国际货币市场部

交易时间：
下午4：30至晨上6：00（全球电子交易系统）
上午7：20至下午2：00（美国中部时间）

交易月份：
3月，6月，9月，12月

合同规格：
12,500,000日元

价格单位：
美分

最小变动价位：
1基点（0.0001美元/日元）

价格最小变动值：
$12.50

单价最大波动限制（可变限制）：
无

交割日：
交割月第三个星期三。如果这一天不是交割地点周的工作日，
那么在要下一个工作日完成交割。

最后交易日：
交割日的前两个工作日

10年期最短线：
高点：0.9959（1993年9月，于1992-08-17）
低点：0.3794（1985年3月，于1985-02-25）

20年期月线：
高点：0.9959（1993年9月，于1992-08-17）
低点：0.3130（1974年3月，于1974-01-23）

1994年，经 Knight-Ridder 金融出版社允许后印制。

黄金

甜约商品交易所
月高点、低点、收盘价
最近即货合同

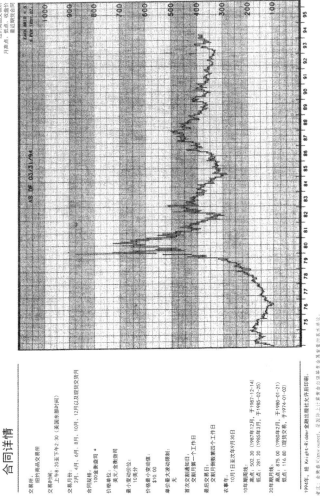

AS OF 03/31/94

合同详情

交易所：
甜约商品交易所

交易时间：
上午8:20至下午2:30（美国东部时间）

交易月份：
2月、4月、6月、8月、10月、12月以及现货交货月

合同规格：
100金衡盎司 *

价格单位：
美元/金衡盎司

最小变动价位：
10美分

价格最小变动值：
$10.00

单价最大波动限制：
无

首次交割通知日：
交割月第一个工作日

最后交易日：
交割月倒数第四个工作日

交事年：
10月1日至次年9月30日

10年期指数：
高点：502.30（1987年12月，于1987-12-14）
低点：281.20（1985年3月，于1985-02-25）

20年期月线：
高点：875.00（1980年2月，于1980-01-21）
低点：116.80（现货交易，于1974-01-02）

1994年。据 Knight-Ridder 金融出版社允许后印刷。

正者注：食衡盎司(troy ounce)，现货市场上计算黄金白银等贵金属专用重量单位。
1金衡盎司=1.097142857...克衡盎司=31.1047688克

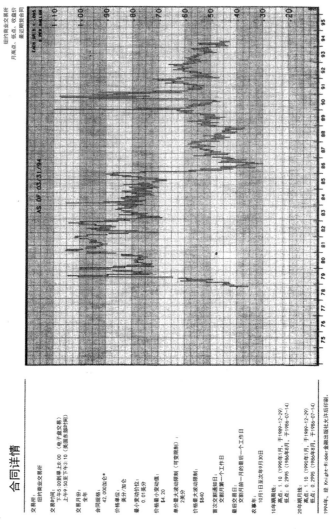

2号燃油

纽约商业交易所

月高点、低点、收盘价
最近期货合同

合同详情

交易所：
纽约商业交易所

交易时间：
下午5:00到隔夜上8:00（电子盘交易）
上午9:50至下午3:10（美国东部时间）

交易月份：
全年

合同规格：
42,000加仑*

价格单位：
美分/加仑

最小变动价位：
0.01美分

价格最小变动值：
$4.20

单价最大波动限制（可变限制）：
2美分

价格最大波动限制：
$840

首次交割通知日：
交割月第一个工作日

最后交易日：
交割月前一月的最后一个工作日

交割年：
10月1日至次年9月30日

10年期限线：
高点：1.10（1990年1月，于1989-12-29）
低点：0.2995（1986年8月，于1986-07-14）

20年期月线：
高点：1.10（1990年1月，于1989-12-29）
低点：0.2995（1986年8月，于1986-07-14）

1994年，经 Knight-Ridder 金融出版社允许后印刷。

*译者注：加仑（gallon）是一种容积/体积单位，1英制加仑＝3,785,412升

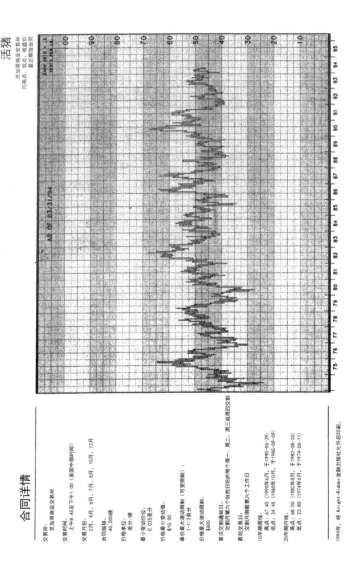

活猪

芝加哥商业交易所
月高点，低点，收盘价
最近期货合同

合同详情

交易所：
芝加哥商业交易所

交易时间：
上午9:45至下午1:00（美国中部时间）

交易月份：
2月、4月、6月、7月、8月、10月、12月

合同规格：
40,000磅

价格单位：
美分/磅

最小变动价位：
0.025美分

价格最小变动值：
$10.00

单价最大波动限制（可变限制）：
1-1/2美分

价格最大波动限制：
$600

首次交割通知日：
交割月第六个自然日后的每个周一、周二、周三或周四均交割

最后交易日：
交割月倒数第六个工作日

10年期周线：
高点：67.45（1990年6月，于1990-05-29）
低点：34.45（1985年10月，于1985-09-09）

20年期月线：
高点：68.00（1982年8月，于1982-08-20）
低点：23.80（1974年6月，于1974-06-11）

1994年，经 Knight-Ridder 金融出版社允许后印刷。

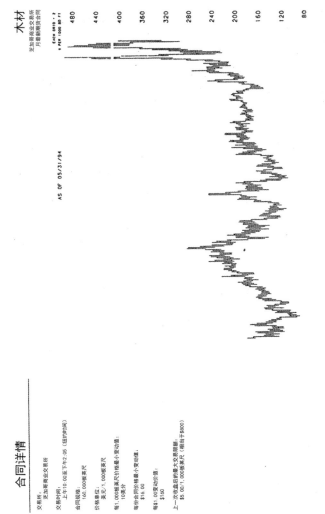

木材

芝加哥商业交易所
月度新期货合同

AS OF 05/31/94

合同详情

交易所：
芝加哥商业交易所

交易时间：
上午10:00至下午2:05（纽约时间）

合同规格：
160,000板英尺

价格单位：
美元/1,000板英尺

每1,000板英尺价格最小变动值：
10美分

每份合同价格最小变动值：
$16.00

每$1.00变动价值：
$160

上一次收盘后的最大交易限额：
$5.00/1,000板英尺（相当于$800）

*译者注：板英尺（board foot），木材测量的体积单位，1板英尺=1英尺长×1英尺宽×1英寸厚，约等于2,360 cm³。

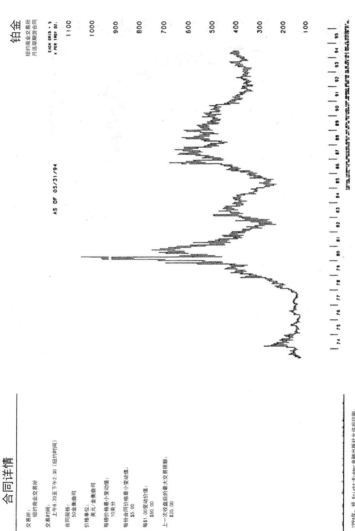

合同详情

交易所：
纽约商业交易所

交易时间：
上午8:20至下午2:30（纽约时间）

合同规格：
50金衡盎司

价格单位：
美元/金衡盎司

每磅价格最小变动值：
10美分

每份合同价格最小变动值：
$5.00

每$1.00变动价值：
$50.00

上一次收盘后的最大交易限额：
$25.00

铂金

纽约商业交易所
月连期货合同

AS OF 05/31/94

1994年，经 Knight-Ridder金融出版社允许后印刷。

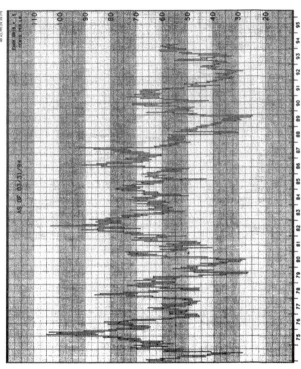

猪肋条

芝加哥商业交易所
月高点、低点、收盘价
最近期货合同

合同详情

交易所：
芝加哥商业交易所

交易时间：
上午8:45至下午1:00（美国中部时间）

交易月份：
2月、3月、5月、7月、8月

合同规格：
40,000磅

价格单位：
美分/磅

最小变动价位：
0.025美分

价格最小变动值：
$10.00

单价最大波动限制（可变限制）：
2美分

价格最大波动限制：
$800

首次交割通知日：
交割月一个工作日

最后交易日：
交割月倒数第六个工作日

10年期周转：
高点：92.50（1987年8月，于1987-08-07）
低点：24.27（1989年8月，于1989-08-01）

20年期月线：
高点：105.10（1975年8月，于1975-08-14）
低点：24.27（1989年8月，于1989-08-01）

1994年，经 Knight-Ridder 金融出版社允许后印刷。

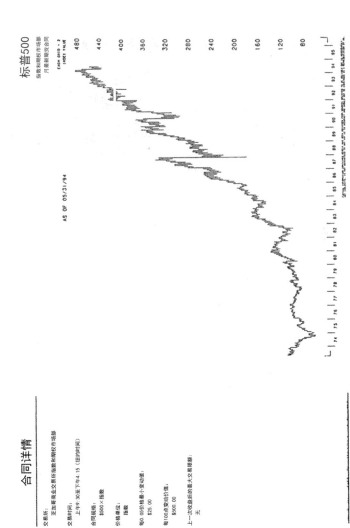

合同详情

交易所:
芝加哥商业交易所指数和期权市场部

交易时间:
上午9:30至下午4:15（纽约时间）

合同规格:
$500×指数

价格单位:
指数

每0.05价格最小变动值:
$25.00

每100点变动价值:
$500.00

上一次收盘后的最大交易限额:
无

标普500

指数和期权市场部
月度新期货合同

EACH GRID = 2
INDEX VALUE

AS OF 05/31/94

480
440
400
360
320
280
240
200
160
120
80

74 75 76 77 78 79 80 81 82 83 84 85 86 87 88 89 90 91 92 93 94 95

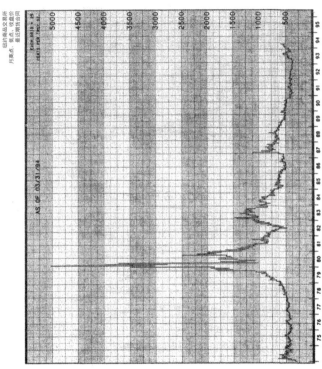

白银

纽约商品交易所
月高点.低点.收盘价
最近期货合同

合同详情

交易所：
纽约商品交易所

交易时间：
上午8:25至下午2:25（美国东部时间）

交易月份：
3月、5月、7月、9月、12月以及现货交货月

合同规格：
5,000金衡盎司

价格单位：
美分/金衡盎司

最小变动价位：
0.10美分

价格最小变动值：
$5.00

单价最大波动限制：
无

首次交割通知日：
交割月前一月的最后一个工作日

最后交易日：
交割月倒数第三个工作日

10年期周线：
高点：1,125.00（1987年4月，于1987-04-27）
低点：350.80（1991年2月，于1991-02-22）

20年期月线：
高点：5,036.00（1980年1月，于1980-01-18）
低点：323.50（1974年1月，于1974-01-04）

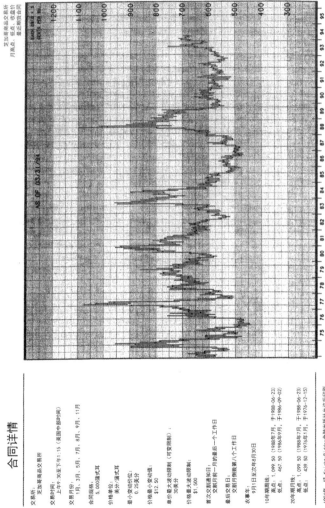

黄豆

芝加哥商品交易所
月黑点，低点，收盘价
最近期货合同

合同详情

交易所：
芝加哥商品交易所

交易时间：
上午9:30至下午1:15（美国中部时间）

交易月份：
1月、3月、5月、7月、8月、9月、11月

合同规格：
5,000蒲式耳

价格单位：
美分/蒲式耳

最小变动价位：
0.25美分

价格最小变动值：
$12.50

单价最大波动限制（可变限制）：
30美分

价格最大波动限制：
$1,500

首次交割通知日：
交割月前一月的最后一个工作日

最后交易日：
交割月倒数第八个工作日

交割年：
9月1日至次年8月30日

10年期限点：
高点：1,099 50（1988年7月，于1988-06-23）
低点：467 50（1986年9月，于1986-09-02）

20年期价格：
高点：1,099 50（1988年7月，于1988-06-23）
低点：439 50（1976年1月，于1976-12-15）

1994年，经 Knight-Ridder 金融出版社光许后印刷。

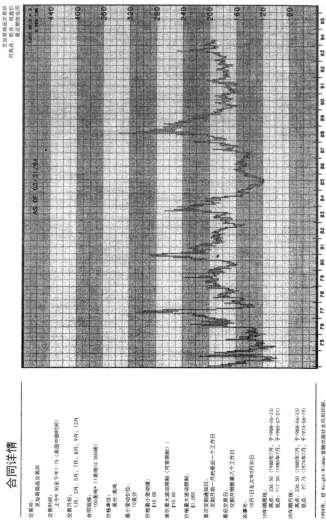

豆粕

芝加哥商品交易所
月高点·低点·收盘价
最近期货合同

合同详情

交易所：
芝加哥商品交易所

交易时间：
上午9:30至下午1:15（美国中部时间）

交易月份：
1月、3月、5月、7月、8月、9月、12月

合同规格：
100美吨*（1美吨=2,000磅）

价格单位：
美分/美吨

最小变动价位：
10美分

价格最小变动值：
$10.00

单价最大波动限制（可变限额）：
$10.00

价格最大波动限制：
$1,000

首次交割通知日：
交割月前一月的最后一个工作日

最后交易日：
交割月倒数第八个工作日

交割年：
10月1日至次年9月30日

10年期周线：
高点：336.50（1988年7月，于1988-06-23）
低点：117.50（1985年7月，于1985-07-01）

20年期月线：
高点：336.50（1988年7月，于1988-06-23）
低点：97.76（1974年7月，于1974-06-19）

1994年，经 Knight-Ridder出版社金融出版社允许后印刷。
*译者注：美吨，亦称短吨（short ton），区别于美吨，亦称长吨（long ton），亦称公吨（metric ton）亦称公斤制等化。
1美吨=2,000磅=907千克，1美吨=2,240磅=1,016千克，1公吨=1,000千克。

合同详情

交易所：
芝加哥商品交易所

交易时间：
上午9:30至下午1:15（美国中部时间）

交易月份：
1月、3月、5月、7月、8月、9月、10月、12月

合同规格：
60,000磅

价格单位：
美分/磅

最小变动价位：
0.01美分

价格最小变动值：
$6.00

单价最大波动限制（可变限制）：
1美分

价格最大波动限制：
$500

首次交割通知日：
交割月前一月的最后一个工作日

最后交易日：
交割月倒数第八个工作日

衣事年：
10月1日至次年9月30日

10年期线：
高点：41.15（1984年5月），于1984-05-18）
低点：12.95（1986年9月，于1988-09-02）

20年期月线：
高点：51.00（1974年10月，于1974-10-01）
低点：12.95（1986年9月，于1988-09-02）

1994年，经 Knight-Ridder 金融出版社允许后印制。

大豆油

芝加哥商品交易所
月高点、低点、收盘价
最近期货合同

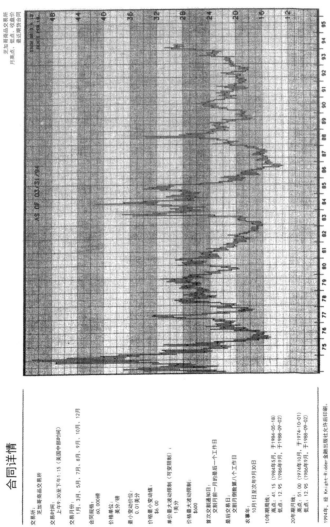

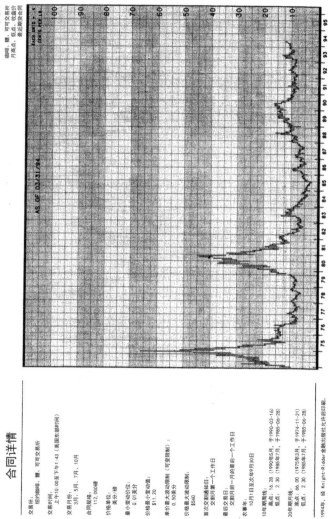

11号糖

咖啡糖、糖、可可交易所
月高点、低点、收盘价
最近期货合同

AS. OF 03.31/94

合同详情

交易所:
纽约咖啡糖、糖、可可交易所

交易时间:
上午10:00至下午1:43(美国东部时间)

交易月份:3月、5月、7月、10月

合同规格:
112,000磅

价格单位:
美分/磅

最小变动价位:
0.01美分

价格最小变动值:
$11.20

单价最大波动限制(可变限制):
0.50美分

价格最大波动限制:
$560

首次交割通知日:
交割月第一个工作日

最后交易日:
交割月前一月的最后一个工作日

农事年:
10月1日至次年9月30日

10年期限线:
高点: 16.28 (1990年5月, 于1990-03-16)
低点: 2.30 (1985年7月, 于1985-06-28)

20年期限线:
高点: 66.00 (1975年3月, 于1974-11-21)
低点: 2.30 (1985年7月, 于1985-06-28)

1994年, 经 Knight-Ridder 金融出版社允许后印刷。

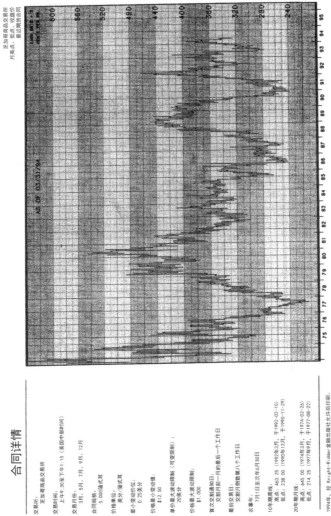

小麦

芝加哥商品交易所
月高点、低点、收盘价
最近期货合同

合同详情

交易所：
芝加哥商品交易所

交易时间：
上午9:30至下午1:15（美国中部时间）

交易月份：
3月、5月、7月、9月、12月

合同规格：
5,000浦式耳

价格单位：
美分/浦式耳

最小变动价位：
0.25美分

价值最小变动值：
$12.50

单价最大波动限制（可变限制）：
20美分

价值最大波动限制：
$1,000

首次交割通知日：
交割月前一月的最后一个工作日

最后交易日：
交割月倒数第八个工作日

农事年：
7月1日至次年6月30日

10年期底线：
高点：463.25（1992年3月，于1992-02-10）
低点：238.00（1990年12月，于1990-11-29）

20年期月线：
高点：645.00（1974年3月，于1974-02-26）
低点：214.25（1977年9月，于1977-08-22）

1994年，经 Knight-Ridder金融出版社允许后印载。

3个月欧洲美元
国际货币市场部
月高点、低点、收盘价
最近期货合同

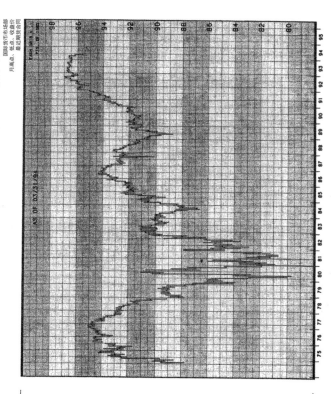

合同详情

交易所：
芝加哥商业交易所国际货币市场部

交易时间：
下午3:00至早上6:00（全球电子交易系统）
上午7:20至下午2:00（美国中部时间）

交易月份：
3月、6月、9月、12月

合同规格：
$1,000,000

价格单位：
以国际货币市场指数（IMM指数）的形式表现。
IMM指数是100.00与欧洲美元的实际年利率的差，
例如欧洲美元的年利率是个百分点，
那么它的IMM指数就是94.00

最小变动价位：
1基点

价格最小变动值：
$25.00

单价最大波动限制（可变限制）：
无

交割日：
最后一交易日

最后交易日：
交割月的第三个星期三的前两个工作日停止交易

10年期指标：
高点：97.01（1992年12月、于1992-10-01）
低点：86.63（1984年9月、于1984-06-22）

20年期指标：
高点：97.01（1992年12月、于1992-10-01）
低点：77.94（现货交割于1980-12-19）

3个月美国短期国库券

国际货币市场部
月高点、低点、收盘价
最近期货合同

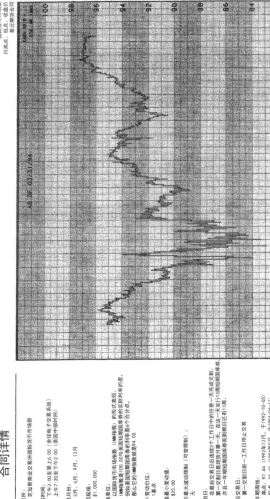

AS OF: 03/31/94

合同详情

交易所:
芝加哥商业交易所国际货币市场部

交易时间:
下午3:00至早上6:00 (全球电子交易系统)
上午7:20至下午2:00 (美国中部时间)

交易月份:
3月、6月、9月、12月

合同规格:
$1,000,000

价格单位:
以国际货币市场指数 (IMM指数) 的形式表现,
IMM指数是100.00与美国短期国库券的实际利率的差。
例如美国短期国库券本身的利率是6个百分点,
那么它的IMM指数就是94.00

最小变动价位:
1基点

价格最小变动值:
$25.00

单价最大波动限制 (可变限制):
无

交割日:
在最后交易日后连续3个工作日中的任意一天完成交割。
第一交割日在最后货币月第一天,在这一天发行13周短期国库券,
并且一年期短期国库券到期日还有13周。

最后交易日:
第一交割日前一工作日停止交易

10年期利率:
高点: 97.44 (1992年12月05日, 于1992-10-05)
低点: 88.69 (1984年9月, 于1984-06-11)

20年期利率:
高点: 97.44 (1992年12月, 于1992-10-05)
低点: 82.90 (1980年1月, 于1980-12-11)

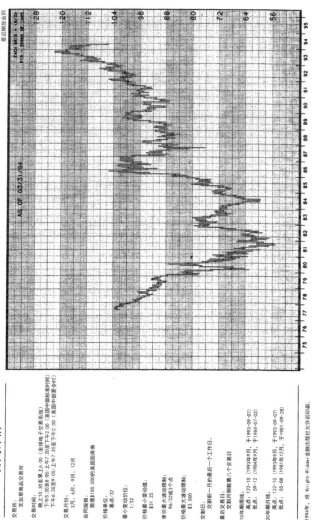

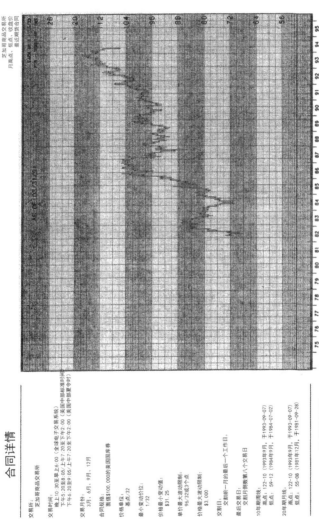

10年期美国国债

芝加哥商品交易所
月高点、低点、收盘价
最近期货合同

合同详情

交易所：
芝加哥商品交易所

交易时间：
晚上10:30至翌上6:00（全球电子交易系统）
下午5:20至8:05/上午7:20至下午2:00（芝加哥中部标准时间）
下午6:20至9:05/上午7:20至下午2:00（美国中部夏令时）

交易月份：
3月、6月、9月、12月

合同规格：
面值$100,000的美国国库券

价格单位：
基点/32

最小变动价位：
1/32

价格最大变动限制：
$31.25

单价最大变动限制：
%₁/32或3个点

价格最大变动限制：
$3,000

交割日：
交割前一月的最后一个工作日。

最后交易日：
交割月倒数第八个交易日

10年期限线：
高点：122-10（1993年9月，于1993-09-07）
低点：59-12（1984年9月，于1984-07-02）

20年期月线：
高点：122-10（1993年9月，于1993-09-07）
低点：55-06（1981年12月，于1981-09-28）

1994年，经 Knight-Ridder 金融出版社允许后印刷。

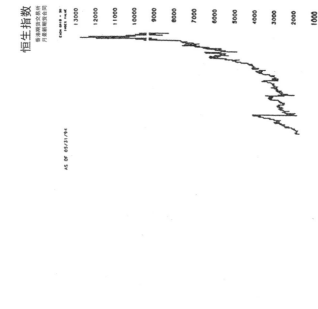

恒生指数

香港期货交易所
月差新期货合同

AS OF 05/31/94

Low Hid : 90
Close : 90

13000
12000
11000
10000
9000
8000
7000
6000
5000
4000
3000
2000
1000

合同详情

交易所:
香港期货交易所

交易时间:
上午10:00-12:30, 下午2:30-3:45 (香港时间)

合同规格:
50港元 × 指数

价格单位:
指数

每基点的价格最小变动值:
50港元

每100基点变动价值:
5,000港元 (650美元)

最大交易限制:
每个开盘交易时段涨跌不超过500点。

上一次收盘后的最大交易限额:
最近收盘价, 现货月无限额。

1994年, 经 Knight-Ridder金融出版社允许后印刷。

合同详情

交易所：
新加坡国际金融交易所

交易时间：
8:00-11:15（新加坡收市时间：12:15-19:05）

合同规格：
100,000,000日元

价格单位：
日元

每基点价格最小变动值：
2,500日元

每100基点变动价值：
5,000港元（650美元）

上一次收盘当日的最大交易限额：
无

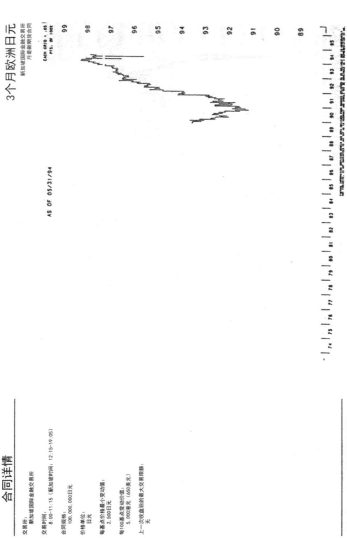

3个月欧洲日元
新加坡国际金融交易所
月看新货币合同

EACH GRID = .01
PTS. OF 100%

AS OF 05/31/94

巨龙和公牛

10年期日本国债

新加坡国际金融交易所
月度新期货合同

AS OF 05/31/94

124
122
120
118
116
114
112
110
108
106
104

└─┬─
74 75 76 77 78 79 80 81 82 83 84 85 86 87 88 89 90 91 92 93 94 95

合同详情

交易所：
新加坡国际金融交易所

交易时间：
7:45-10:30（新加坡速时间）,11:30-17:00)

合同规格：
50,000,000日元

价格单位：
每100日元面值

每份合同价格最小变动值，
每100日元面值0.01日元，每个最小变动单位价值5,000日元。

上一次收盘后的最大交易限额，
无。